若手法律家のための 民事尋問戦略

弁護士 中村真 著

NAKAMURA MAKOTO

学陽書房

はしがき

　民事事件では、和解で終了する場合もあれば、判決による解決をみなければならなくなることもあります。後者の場合、普通、尋問を避けて通ることができません。

　日々多数の事件をこなす我々訴訟代理人にとって、解決までに尋問手続を経るかどうかは極めて大きな関心事です。「必要がない限り、できれば尋問は避けたい」というのが多くの実務家の共通した思いではないでしょうか。

　そうした「尋問の取り組みにくさ」はどこから来るのでしょうか。

　「尋問に入る」ということは、その準備や実施に相応の時間と労力、神経を使うというだけでなく、解決までの道のりに自分の意思だけでコントロールできない不安定な要素がもう一つ増えるということを意味します。そう考えると、尋問を忌避する感覚の理解は容易です。

　では、「尋問の取り組みにくさ」を改善する方法はないのでしょうか。

　よく「尋問は**経験**がモノを言う」と言われますが、経験の浅い若手法律家には為す術はないのでしょうか？

　もちろんそんなことはありません。

　民事事件の証拠調べ期日を傍聴してみると、いろいろな方がそれぞれのやり方で証人や当事者と相対している場面を見ることができます。

　よくもあれだけ上手く話の流れを作れるものだと感心する場合もあれば、場当たり的に質問が繰り返され、何が訊きたいのか、何を引き出したいのかがよくわからないやりとりを目にすることもあります。

　両者の違いが生まれる理由は、尋問者自身がその事件における尋問の意味を理解できているか、そして尋問後を見据えた尋問準備がきちんとできているかという点にあります。

私は「尋問は**戦略**こそがモノを言う」と考えています。

　尋問期日での振る舞い方や質問のテクニックも重要ですが、そこだけに目を奪われるのではなく、民事尋問を立証計画策定、尋問申請、陳述書作成のほか、尋問後の最終準備書面作成までの流れの中の一要素として大局的に捉えることが必要です。そうすることで、はじめて、位置づけや目的意識のハッキリした質問、尋問が可能になるのです。

　そこで本書は以下の3点に力点を置いています。

　まず、1つ目は、その意義や一連の手続の構造を理解するため、**尋問手続を規律する重要な民事訴訟法、民事訴訟規則のルールを整理し、わかりやすく説明する**ことを心がけました。

　2つ目は、いろいろな人がいろいろなやり方をしている部分（尋問準備や期日の現場対応など）について、思い切って、もっとも合理的かつ実践的と考える取り組み方を提示しています。そこでは、「戦略」のみならず「戦術」的なことがら、すなわち現場で実行することを前提とした尋問技術についても触れています。

　そして3つ目は、弾劾証拠の扱い、異議の根拠と対応、尋問と鑑定人質問の異同など、**若手のみなさんが疑問や引っかかりを感じるものの、これまで類書であまり取り上げられなかった事項について、考え方・実践的な対応の両面から掘り下げる**ように努めました。

　時間に余裕があるのであれば、第1章から順に読んでいただくことを強くお勧めします。また、もしあなたが2日後に尋問期日を控えているのであれば、第3章から第6章を最初に読んでいただくことで期日での対応に役立てることができるでしょう（そのために、特に重要なことはあえて繰り返して記載しています）。

　本書がきっと、あなたの尋問スキル向上に役立つものと信じています。

2019年9月

弁護士　中村　真

凡　例

○　法令等の内容は、令和元年7月1日現在公布のものによります。

○　本文中、法令等及び判例、資料を略記した箇所があります。次の「略
記表」を参照してください。

■法令その他

〈略記〉	〈正式名称〉
民	民法
民訴、民訴法	民事訴訟法
規則、民訴規則	民事訴訟規則

〈条文の表記〉

規則114 Ⅰ ①　　民事訴訟規則114条第1項第1号

■判例

最判（決）	最高裁判所判決（決定）
地判（決）	地方裁判所（決定）

■資料

民集	最高裁判所民事判例集
判時	判例時報
判タ	判例タイムズ
ウエストロー	ウエストロー・ジャパン

〈判例の表記〉

大阪地判平成22・5・28判時2089号112頁

　＝大阪地裁判決平成22年5月28日判例時報2089号112頁

■文献

コンメ	秋山幹男ほか『コンメンタール民事訴訟法Ⅳ　第2版（第2編第4章）』（日本評論社、2019年）
尋問技術	加藤新太郎『民事尋問技術（第4版）』（ぎょうせい、2016年）
当職	岡口基一・中村真『裁判官！　当職そこが知りたかったのです。―民事訴訟がはかどる本―』（学陽書房、2018年）

CONTENTS

❖ はしがき………3

❖ 凡例………5

❖ Introduction──本書における記載上のルール等……15

第1章 民事尋問の基礎知識

❶ 尋問はなぜ失敗するのか？………20

1 あなたの尋問、大丈夫？………20

2 尋問の失敗には2つのパターンがある………20

❷ 尋問の目的と対象者………22

1 尋問の目的………22

2 尋問の対象者………23

❸ 重要度別！ 尋問のルール………26

1 まずは形から入るべし………26

2 質問はできる限り、個別的かつ具体的に………27

3 「してはならない」質問がある………32

4 文書等を利用する場合にはルールがある………32

5 証人・当事者・傍聴人の在廷と退廷………33

❹ NG質問の一覧………35

1 証人を侮辱し、又は困惑させる質問………35

2 誘導質問………37

3 既にした質問と重複する質問………39

4 争点に関係のない質問………40

5 意見の陳述を求める質問………41

6 直接経験していない事実についての質問………42

7 誤導質問………43

❺ 尋問に文書等を利用する場合………45

1 文書等を利用する場合のルール………45

2 未提出の文書等を示す場合の注意点………46

3 文書等の示し方の配慮………48

❻ 法廷での立ち居振る舞い………49

1 ルールがなくとも、守りたいことがある………49

2 はっきりと明瞭に、落ち着いて………50

3 質問の前に必ず立場と氏名を言う………51

4 曖昧な表現は使わず使わせず………52

5 質問は必ず明確な疑問文の形で………54

6 相手方の尋問中は必ずメモを取る………55

7 証拠等を示されたときは証言台まで行く………56

8 不必要に証言台に近寄るな………57

9 示す証拠はきちんと整理しておく………58

10 法廷や証人等に敬意を払うこと………59

COLUMN 1 尋問時の証人・当事者本人の服装などについて……62

第2章 陳述書

❶ 陳述書とは………64

1 陳述書が生まれたわけ(沿革)………64

2 陳述書の機能………65

CONTENTS　7

❷ 陳述書はこう書くべし………68

  1 いつ出すべきか………68

  2 どこまで書くべきか………71

  3 どのように書くべきか………73

  4 書くときに何に気をつけるべきか………77

  COLUMN 2　「そんなこと陳述書に書いてないじゃないか！」……80

第3章　主尋問

❶ 主尋問の目的と到達点………82

  1 目的と到達点を見定めよ………82

  2 立証すべき事項を訊くために………82

  3 「成功」に到達すべく精進せよ………84

❷ 主尋問の申請〜採否までの注意点………86

  1 主尋問準備の重要性………86

  2 そもそも誰を申請するか………87

  3 尋問時間は何分とするか………88

  4 尋問事項書の作り方………89

  5 「呼出」と「同行」の使い分け………91

  6 尋問の順序はどう考えるべきか………91

  7 証人等の一括申出………94

❸ 尋問の手控えの作成………95

  1 手控え作成ノススメ………95

  2 マコツ流！　尋問の手控えの作り方………98

資料 主尋問の手控えの例………104

❹ 時系列一覧表の作成………105

1. 時系列一覧表の役割………105
2. 事実関係の整理のために役立つケース………105
3. 反対尋問の糸口を探すために役立つケース………107
4. マコツ流！　時系列一覧表の作り方………107

資料 時系列一覧表の例………109

❺ 尋問テスト──リハーサルはこうやる！………110

1. 尋問テストの目的と注意点………110
2. 行う時期・回数・時間………111
3. 手控えを事前に証人等に渡す？………111
4. 尋問テストの当日は………113

資料 本人に渡す用「尋問注意事項メモ」………121

❻ 主尋問の具体的テクニック………122

1. 質問は短く端的に………122
2. 相づちは不要、オウム返しはしない………123
3. 証拠引用の際は証拠番号と標目、箇所まで………124
4. 敬語の使用にご用心………124
5. 指示語・ジェスチャー・固有名詞は具体化せよ………125
6. 反対尋問時に動揺を顔に出さない………126

❼ ダメな主尋問………128

1. 具体例からぶった斬ろうのコーナー………128
2. 朗読・宣言・スピーチ型の冗長な質問………129
3. 誘導の使い方がまずい質問………129

④ 準備書面や陳述書をなぞるだけの尋問………131

⑤ 証人・本人に現場で書かせる尋問………133

⑥ 時間を守らない尋問………134

⑦「最後に言いたいことはありますか」………134

❽ 相手方の立場から見た異議の出し方………136

① ボーッと聴いてる場合じゃない！………136

② 個別具体的でない質問に対して………136

③ 侮辱・困惑させる質問に対して………137

④ 誘導質問に対して………137

COLUMN ❸　反対尋問を想定した主尋問準備を……140

第4章　反対尋問

❶ 反対尋問の目的と到達すべき点………142

① 立証上の位置づけ………142

② 裁判所はどう見ているか………145

③ 反対尋問と最終準備書面の主張の使い分け………145

❷ 反対尋問の準備………147

① 反対尋問準備の重要性………147

② 証拠採否時の注意点………148

③ 尋問の手控え・時系列一覧表の作成………151

資料　反対尋問の手控えの例………153

❸ 反対尋問のための「読み」を磨け………154

① 主尋問の深さを読め………154

2 相手方の自己認識の内容を読む………157

3 相手方の主尋問の間の準備………158

❹ 反対尋問のテクニック………163

1 どのような形で切り込むべき事案か？………163

2 「押すか引くか」の現場判断………164

3 反対尋問は追い込み漁だ………166

4 介入尋問のリスクを下げる工夫を………167

5 反対尋問でとるべき態度………169

❺ ダメな反対尋問………170

1 反対尋問に特有のダメさ………170

2 事前準備が不十分な尋問………171

3 答えを想定しない尋問………171

4 「では次に〇〇について訊きます」………172

5 ぬりかべ尋問………174

6 ダメ押し尋問………174

7 及び腰の尋問………176

8 議論してしまう尋問………179

9 狼狽を見せる尋問………180

❻ 弾劾証拠はこう使え………184

1 弾劾証拠とは………184

2 事例に見る弾劾証拠の使い方………185

3 弾劾証拠使用上の注意………187

COLUMN 4　反対尋問を行わないという選択はアリか……190

第5章　異議の出し方と対応

❶「異議とは何か」説明できる？………192

　　① まず異議とは何かを正しくおさえる………192

　　② 「尋問に関して問題となる異議」………193

　　③ 「尋問に関して問題となる異議」のまとめ………198

❷「質問に対する異議」の目的・効用………199

　　① 不適切な質問を、正しい流れに戻す………199

　　② ほか、異議の副次的効果………200

❸「質問に対する異議」の出し方………201

　　① 必ず証人等が問いに答える前に出すこと………201

　　② 明確に異議の根拠を指摘すること………202

　　③ 異議を出すべきか常に考えながら臨む………203

　　④ 尋問の現場で問題となる異議の整理………206

❹「質問に対する異議」を出されたら………207

　　① 必ず裁判所を介してやりとりを行う………207

　　② 何でもかんでもすぐに撤回しない………208

❺ 陳述書にない答えへの「異議」………210

　　① 不意打ちの防止は楯とされるか………210

　　② 裁判長の判断はいかに………211

　　資料 尋問で問題となる異議一覧表………212

　COLUMN 5　　特別な意味をもつ言葉に注意………214

第6章　補充尋問・介入尋問

❶ 補充尋問とのつきあい方………216

1. 補充尋問とは何か………216
2. 補充尋問の類型………217
3. 補充尋問は代理人泣かせ………218
4. 補充尋問を異議で阻止できる？………219
5. 仕事ぶりで裁判官の信頼を得よ………220

❷ 介入尋問とのつきあい方………223

1. 介入尋問とは何か………223
2. 補充尋問との違い………224
3. 介入尋問がなされる場合………225
4. 当事者等による介入尋問………226

COLUMN 6　　補充尋問・介入尋問の受け止め方………228

第7章　鑑定人質問

❶ 鑑定人質問とは………230

1. 鑑定人質問を理解しよう………230
2. そもそも鑑定とは………231
3. 鑑定の実施方法………232
4. 鑑定に似た鑑定の嘱託………232

❷ 鑑定人質問と尋問の違い………235

　　　① 鑑定制度の背景と手続の構造………235

　　　② なぜ鑑定人「尋問」ではなく「質問」？………236

❸ 鑑定人質問で留意すべきこと………237

　　　① 留意すべき法令上の規定………237

　　　② 鑑定人質問に臨む当事者のあり方………240

　　　COLUMN 7　「尋問＝会話」という誤解………246

第8章　尋問後

❶ 最終準備書面、書く？書かない？………248

　　　① 最終準備書面についての考え方………248

　　　② 最終準備書面を書いた方がよいケース………249

　　　③ 最終準備書面を書かなくてよいケース………252

　　　④ 最終準備書面で気をつけておくべきこと………254

❷ 尋問の自己評価とさらなる研鑽………258

　　　① 尋問の道は平坦ならず………258

　　　② 実践、実践、実践あるのみ………259

　　　COLUMN 8　回せ尋問のPDCA………261

事項索引………262

あとがきにかえて──この本ができたわけ………264

INTRODUCTION
本書における記載上のルール等

01. 本編に入る前に

　本書は証人尋問、当事者尋問や鑑定人質問が難しい理由を探り、その技能を向上させることを目的としています。本題に入る前に、本書の内容がより理解しやすくなるよう、記載上のルールや最初に知っておいていただきたい事項について手短に記載しておきます。

02. 本書で取り扱う表記について

　本書では、記載の簡略化や読みやすさのため、以下の用語を、次のようなルールで用いています。

❶「当事者」「証人」「証人等」

　「当事者」は、原則として**訴訟手続上の当事者**（→1章2）という意味（訴訟代理人を含まない）で用いますが、裁判所と対比する場面などでは**当事者とその訴訟代理人を合わせた概念**としても使用しています。また、

「証人」は、**当事者、鑑定人とは区別される人証**（→1章2）を指すものとして用います。

なお、証人尋問、当事者尋問共通の事項について言及する場面では、**証人と当事者の両方を合わせて「証人等」**と記載しています。

❷「尋問」「質問」「質問者」と「供述」「供述者」

「尋問」は**当事者・証人に対する尋問手続**を指すものとして用い、「質問」は鑑定人質問の手続（→7章2）のほか、**尋問・鑑定人質問で用いられる個別の問い**という意味で用いています。

このため、尋問、鑑定人質問を問わず、質問を発する者を「質問者」、それに答える者を「供述者」（その答えを「供述」）という表記で統一しています。

❸「訊く」「聞く」「聴く」

基本的に、質問者が問いを発する場面では「訊く」を用い、供述者の答えを引き出す（聴き取る）という場面では、それに向けられた聴き手の意識の程度に合わせて「聞く」「聴く」を用いています。「自然と耳に入ってくる」のは「聞く」、「傾聴する」のは「聴く」イメージでしょうか。（ただし、後者はさほど厳格には使い分けていません。）

❹「立証」「本証」「反証」と証明責任の関係

「立証」は、**事実上の主張（請求原因、抗弁、再抗弁など）を証明するための行為または活動**という意味の言葉ですが（裁判所書記官研修所『民事訴訟法講義案』2002、112頁）、これ自体は**証明責任の有無に関係のない中立的な概念**です。例えば、請求原因事実の存在を争うために行う被告の証人尋問申請も「立証」に当たります。

これに対し、**証明責任を負う当事者の提出する証拠あるいは立証活動**を「本証」といい、**負担しない相手方のそれ**を「反証」といいます（同185頁）。こちらはその呼称が証明責任の有無と紐付いています。

ちなみに、「主尋問」は尋問の申出（尋問申請）をした当事者の尋問をいい、その相手方の尋問を「反対尋問」といいます（→3章1）。人証は本証の手段の場合も反証の手段の場合もありますから、「主尋問」「反対尋

問」というカテゴライズもまた、申請者の証明責任とは直接関係がないということになります。

❺「質問に対する異議」

一般に尋問で最も多く問題となる、質問の制限を求める異議（規則114 Ⅱ、115 Ⅲ）については、本書では特に**「質問に対する異議」**という呼称を用いることとしています（→5章2）。この点は、尋問で問題となる「異議」の整理とともに、第5章で詳しく述べます。

03. 尋問、鑑定人質問の手続における裁判所の権限について

民事訴訟における訴訟指揮権は原則として受訴裁判所に帰属しますが（民訴151〜155、157など）、弁論や証拠調べ手続に関する民訴法、民訴規則の定めを見ると、実に多くの規定が**「裁判長」**の権限と定めていることに気付きます（民訴148、149、202、規則113〜115など）。

「裁判長」は**合議体の構成員**であり（裁判所法9 Ⅲ）、発言機関として合議体を代表し、口頭弁論の指揮、証拠調べの主宰、判決の言渡しなどを行うほか、簡単な事項及び迅速な処理を要する事項について、単独で裁判所の権限を行います。当然、1名の裁判官で構成される**単独制では裁判長というものは存在しません。**

ところが、法令上、このように「裁判長の権限」とされている規定を**単独制の場合に「裁判官の権限」に読み換える規定というものがありません。**

地方裁判所の裁定・法定合議事件以外について「一人の裁判官でその事件を取り扱う。」という規定がありますが（裁判所法26）、これも形式上「裁判長の権限」を単独制の裁判官が当然に行使できることを定めたものではありません。

つまり、法令の規定を見るだけだと、**単独制の裁判官がなぜこれら「裁判長の権限」**を行使できるのか、その法的根拠がわかりにくくなっています。

とりわけ尋問の手続を論じる上で、この点は法律家として、かなり早

本書における記載上のルール等　　17

い段階で気になるはずです。「不相当な重複質問は裁判長にその制限を申し立てるべき（規則115Ⅲ）」といっても、地裁の単独制ではその裁判長が法廷にはいないのですから。

ところが、私が調べた限り、民事尋問技術に関する書籍で、この「裁判長」と「単独制の裁判官」の権限に触れたものはありませんでした。若手への説明としては少なくとも不親切です。

実際には、地方裁判所に係属している単独制の事件でも簡易裁判所の事件（裁判所法35）でも、期日指定（民訴93Ⅰ）や質問の制限（規則115Ⅲ）は当たり前のようにされていますから、何らかの形で実務的にはこの問題がクリアされていることがわかります。

何人かの裁判官と意見交換をしたところ、**勿論解釈**、つまり「ある条文上の規定の趣旨・目的等に照らして、明文規定がなくとも、それと同趣旨の規定があたかも存在するものと解釈すること」でクリアされていると考えるほかない、となりました。

法令上、もう少し些末な事項でも読み換え規定は置かれているので（民訴132の7Ⅱ、規則29Ⅱ）、この点も読み換え規定があってもよさそうなものです。

いずれにせよ、**本書で「裁判長」の権限として記載しているものは、単独制の事件では、勿論解釈によって、裁判官の権限と読み換える**ようお願いいたします。

第1章

民事尋問の
基礎知識

CHAPTER.1

01 尋問はなぜ失敗するのか？

01. あなたの尋問、大丈夫？

「自分では尋問が上手いと思っていたが、客観的に見るとそうでもないらしい」

「尋問はうまくいったはずなのに、有利な認定が得られなかった」

いずれも民事訴訟では決して珍しくない光景ですが、その原因はいったいどこにあるのでしょうか。

02. 尋問の失敗には2つのパターンがある

尋問がうまくいかない理由には、（裁判官の判断が適切であるとすると）大きく分けて以下の2つのパターンが考えられます。

① 目的を誤っているケース

尋問者が尋問で到達すべきだと主観的に考えている点と客観的な到達すべき点とが大きくズレているパターンです。

②　手段が適切でないケース

　尋問者が尋問で到達できていると主観的に考えているレベルと客観的に到達できているレベルに開きがあるパターンです。

このうち①目的を誤っているケースについては、尋問の機能や目的の捉え方に関わるものであり、主尋問、反対尋問に分けて第3章以降で触れます。

対して②手段が適切でないケースは、主尋問、反対尋問を問わず当てはまる極めて基礎的・初歩的な問題です。第1章のメインテーマは、この点です。

まずは民事尋問の基礎的なルールをおさらいしながら、尋問がうまくいかない理由について、探っていきましょう。

ある人について、尋問が上手かどうかを判断するのは難しいが、尋問が下手かどうかを判断するのは極めて容易である。

CHAPTER.1
02 尋問の目的と対象者

01. 尋問の目的

　そもそもなぜ尋問を行うのか、またその対象は何かという点について、きちんと考えておく必要があります。尋問は**証人や当事者本人が見聞した争点に関する事実の記憶を正しく聞き出し、その供述を証拠とする**ために行うものです。

　まず聞き出すべき内容として重要なのは、**証人や当事者本人自身が見聞したものであること**、そして**それらが争点に関係しているものであること**です。全くの他人が体験した事実については、それを直接体験していない証人や当事者は供述することができません。また、それらの者が自ら直接体験した事項であっても、その事件の争点に関係ないことであれば、尋問で訊く意味がありません。ですから、尋問で証人や当事者から聞き出すべき事項は**証人や当事者本人が見聞した争点に関する事実**（対象となる事実）となるのです。

そして、本書では、それら聞き出すべき対象となる事実を、尋問手続においていかにうまく聞き出すかについて説明を加えます。

■ 02. 尋問の対象者

❶ 対象の異同をおさえよう

次に、尋問の対象者ですが、これには**証人と当事者**があります。また、以下では、証人、当事者と鑑定人との違い、証人や鑑定人と紛らわしい鑑定証人というカテゴリについて説明しておきます。

❷ 証人と当事者の違いは立証責任の有無

まず、尋問の対象者としては証人と当事者がいます。

証人とは、**五官の作用によって自己の見聞・観察・経験した結果としての一定の事実の存否、その当時の状況などを特定の民事訴訟において裁判所の命令により供述する第三者**と定義されます（コンメ 139 頁）。

民事訴訟法上、年齢や知能程度、判断能力、社会的に置かれている立場（犯罪の嫌疑を受けているか、収監者であるか等）などを理由として証人としての資格あるいは能力を限定するルールはありません。

証人となれるのは当事者以外の第三者のみとされており、**法定代理人は当事者を代表する立場にあるため、証人となることができません**（民訴 211、規則 128）。法人が当事者となる場合は、その代表者も、例えば「原告代表者本人尋問」という形で、証人尋問ではなく当事者尋問の手続がとられます。

では、当事者とは何かという点が問題になりますが、これは**要証事項について立証責任を負う当事者**とされています（コンメ 263 頁）。通常は原告、被告、独立当事者参加人等、訴訟上の当事者とされる者がこれに当たります（補助参加人や訴訟告知を受けただけの者は、当事者に当たりません）。

尋問の場面で、ある人物が証人か当事者かは、尋問事項（立証事項）との関係で択一的に定まり、その立場に合わせて証人尋問と当事者尋問が使い分けられることになります。

第 1 章　民事尋問の基礎知識　23

この「第三者」に当たるかどうかは、**尋問時を基準に判断する**というのがルールですが、現実の訴訟手続では、それに先立つ人証申請・採用の場面で問題とされるのが普通です。

❸ 証人等と鑑定人の違いは代替性の有無

証人は**五官の作用によって自己の見聞・観察・経験した結果を供述する者**ですが、これに対し鑑定人は、裁判所の命令によって判断した結果を報告する者です（コンメ139頁）。

一般に、証人は、争点に関する事実の存否や状況についての認識を供述させるものであって、それ自体代替性がありません。例えば、AとBの金銭授受に立会いそれを見ていたCの見聞結果（「AがBに、○月○日、○○ホテルのカフェで現金500万円を手渡すのを見た」）は、それとは無関係のDを尋問して得ることはできません。

これに対し、鑑定は、**特別の学識経験を有する第三者に、専門の学識経験に基づいて、法規、慣習、経験法則など、およびそれらを適用して得た判断の結果を裁判所に報告させ、裁判官の知識を補充して判断を可能にするための証拠調べ**を指し、この鑑定における証拠方法を鑑定人といいます（コンメ277頁）。証人と異なり、こちらは代替性があるとされます。

その事件の争点の判断に必要となる**特別の学識経験**を有している限り、甲大学のD教授でも、乙大学のE教授でも鑑定人になることはできるというわけです。

このようにいずれも人的な証拠方法でありながら、概念上区別される証人と鑑定人ですが、これらの者の供述を証拠として扱う手続は、その性質に照らして異なっています（→7章2）。

❹ 鑑定証人の違いも代替性の有無

証人や鑑定人と紛らわしい概念として**鑑定証人**（民訴217）があります。これは、少なくとも**鑑定人とは明確に異なる概念**です。

鑑定証人は、**特別の学識経験により知り得た過去の具体的事実の報告**をする場合、すなわち、事実についての認識が専門的知見に基づく場合

の人証であるとされています（コンメ139頁、142頁）。

「特別の学識経験を有している」という点は鑑定人と共通しますが、訴訟提起後に裁判所の命令に基づいて判断した結果ではなく、当該事件に関して知り得た過去の事実を報告する者であり、その事案について証人としての関わりを持っています。やや雑駁な表現になりますが、鑑定証人は、「事実についての認識が専門的知見に基づく場合の人証」と言えるでしょう（コンメ142頁）。

例えば、道で倒れて苦しんでいるFのところを、たまたま心臓内科専門の丙医大G教授が通りかかり、この発見時の様子からG教授はFの症状の原因が狭心症の発作であろうと判断したというケース。「現場のFの苦しみようが狭心症発作によるものであったこと」をG教授の供述で証明しようとする場合、G教授は鑑定証人に当たるということになります。

ここでのG教授の判断（見立て）は心臓内科の知見という特別の学識経験を経て初めて導かれたものですが、そのようなG教授の体験事実は、例えば当時現場にいなかった丁医大のH教授からは得られません。

このように、鑑定証人の供述の対象となる具体的事実の認識は事件の生の事実と紐付いていますから、**鑑定人のような代替性はありません**。

鑑定証人の性質は証人ですから、鑑定証人に対する尋問は、証人尋問手続により行われることになります（民訴217）。

実務上、いずれの証拠調べ手続によるべきか悩むことはまずないが、人証の位置づけの正しい理解は質問事項を組み立てる上で重要である。

CHAPTER.1

03 | 重要度別！尋問のルール

01. まずは形から入るべし

尋問の巧拙を考える上で、**形式面は重要**です。

「あの弁護士は尋問が上手い」「質問の意図や供述の内容が汲み取りやすい」と噂される実務家に共通して言えること、それは、尋問の際の基礎的なルールがきっちりと守られているということです。逆に、他人の事件の証拠調べ期日をいくつか傍聴してみると、代理人が裁判官や書記官から受ける注意や指摘が、どの事件も似通っていることに気付くはずです。

これらを一つ一つ理解し、意識することで、尋問のスキルを短い期間で向上させることができます。

なお、民訴法、民訴規則では、まず証人尋問について一般的なルールを定め、それを必要な限りで当事者尋問にも準用するという形がとられています（民訴210、規則127）。このため、以下のルールは証人尋問のみならず当事者尋問についても当てはまるものです。

02. 質問はできる限り、個別的かつ具体的に

重要度：★★★★★

❶ 冗長で散漫な質問はダメ

　これは、要するに**端的な「一問一答」式の質問方法をとるべし**ということであり、意味のわかりにくい質問や理解しにくい回答を防ぐ目的があります。

　主尋問、反対尋問を問わず、質問は短く端的なものでなければなりません。質問を受ける供述者、それを聞くことになる裁判所や相手方に質問の意味や趣旨を正しく理解してもらうためですね。

　例えば、あなたが次の質問をしたとしましょう。

BAD EXAMPLE

代理人：あなたは、先ほど主尋問では、事故のとき、午後5時前頃職場を出たあとに電車に乗り、途中の駅で降りてデパートで買い物をしてから再び電車に乗って自宅に帰ろうとしているところだったと言いましたが、どうしてそのような行動を取ったのですか。

　ここでまず気になるのは、**一つの質問に含まれている要素が多すぎるため**、訊かれた方としては何を訊かれているかが非常に理解しにくいということです。

　「どうして」というフレーズがあることから、理由の説明を求められていることはわかるのですが、とっさに訊かれると電車に乗ったこと、帰りに寄り道したこと、デパートで買い物したこと、そのあとそのまま家に帰ろうとしたことのどこについて質問を投げかけられているかがつかみづらいのです。

耳から入る情報は、目で見て読む場合と異なり反復による確認ができ
ないため、瞬時の理解が難しいものです。証人はクイズ番組の回答者が
問題を聞くようにガチガチに緊張し、身構えていることが多いので、長
すぎる質問を投げかけられると戸惑ってしまうことでしょう。

　こういったことは反対尋問で顕著ですが、事前準備を十分に行った主
尋問であっても、訊かれた質問に答えるという形は変わらないため、全
く同じ問題を生じます。

　その結果、質問を十分に理解できなかった証人等は、答えあぐねて黙
り込んでしまうか、自分で質問の主旨を勝手に判断し的外れの回答をし
てしまいます。いずれにしても非常によくない流れです。

　少し勇気を振り絞って証人等が「もう一回質問、お願いします」と言っ
てみたところで、同じ冗長な質問が再び繰り返されるのであれば意味が
ありません。そもそも質問が悪すぎるのです。

❷ 裁判所まで困らせてしまう

　相手方代理人や裁判所は、事案の内容やそこで立証すべき事項をきち
んと理解していれば、通勤経路から離脱した具体的理由や経緯を明らか
にする、あるいはデパートに入ってからの供述者の行動に関する質問に
つなげようとしているといった「質問の意図」を拾い上げることは可能
かもしれません。ですが、質問が冗長で散漫な場合、そのような意図自
体もつかみにくくなってしまいます。

　極論すれば、質問の意図・目的や答えの意味は裁判所にだけ正しく理
解してもらうことができれば事は足りるのです（相手方代理人があなた
の尋問中ずっと寝ていても全く支障はありません）。

　ところが、「なぜ今それを訊くのか」がわかりにくすぎる質問は、と
きに裁判所からその場での釈明や介入尋問（→6章2）を招いたり、相手
方からの異議（→5章3〜5）を誘発したりといった望ましくない事態に
つながります。これはかなりカッコ悪い上、特に反対尋問では意図した
弾劾の効果が削がれてしまうなど困ったことになります。

❸ 理想は「一問一答」

先ほどの例では、端的に次のように聞くべきであったでしょう。

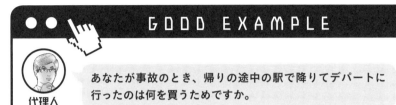

そして、これに続けて、**要素ごとに区切り、必要なだけ端的な質問・回答のやりとりを繰り返していきます**。

「あなたは、先ほど主尋問では…」という部分は、当然の前提として質問からは省き、供述者から主尋問の内容と矛盾する回答が出てきた場合には、そこを突くという形の方がスマートです。

どうしても、反対尋問の前提として主尋問での回答内容を再確認しておきたいとき、再主尋問で供述者に記憶喚起をさせておきたいときなどには、「あなた、先ほどの主尋問では○○と答えていますね」「あなたは陳述書では○○だったと書いてありますね」と、**まずその質問だけを切り離して先に訊くべき**です。

また、質問は**個別的**に組み立てられる必要があります。

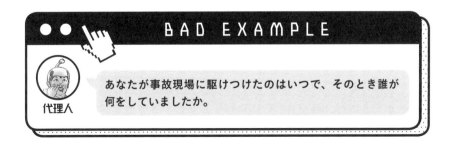

というような、一つの質問でいくつかのことがらを答えさせようとする質問を投げかけるべきではありません。

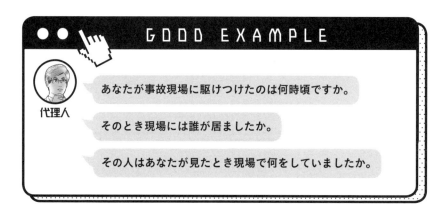

というように、一つ一つのことがらごとに質問を分けて訊くべきでしょう。**質問は終始、端的に短く構成すべき**です。

質問が冗長だと回答もまた冗長でまとまりのないものになりがちだということを肝に銘じておきましょう。

長々としたポイントの絞られていない質問に対して、供述者は普通、長々と答えます。そうなるとそれを聞く方も、調書で読む方も余計な負担を強いられ、内容を正しく理解するのが難しくなりますし、供述自体も、答えてもらいたい点からズレていってしまうのが常です。

❹ オープンすぎる質問もダメ

質問を**具体的に**というのもほぼ同じ理由からです。

「どうでしたか」「何があったのですか」といったオープンすぎる質問に返ってくるのは、質問の中身に比して壮大な物語形式の回答であることが多く、これも答える方、それを理解・評価する方ともに困難を強いられます。また、供述者が自由に答える結果、どうでもいい、意味の乏しい内容の発言が多くなりがちです。

そのような冗長で散漫な尋問が続くと、裁判官も人間ですから、どう

しても質問と答えのやりとりに対する集中力が乏しくなっていきます。

　あなたが尋問テクニックを駆使して相手方証人から決定的な矛盾供述を引き出したとき、裁判官が送達報告書を眺めながら後の和解期日の殺し文句を考えていてちゃんと聞いていなかった、なんてことがないようにしたいものです。

　この「質問はできる限り、個別的かつ具体的に」というルールは、裁判所が必ず尋問前に注意するように、**尋問全体の良否を左右するほどの重要な意味**があります。

　尋問ではつい「いかに有利な供述を引き出すか」ということばかりに目が行きがちです。もっとも、効果的な尋問という意味では、主尋問でも反対尋問でも**「いかに余計なことを答えさせないか」**という視点が必要で、質問事項も無駄な回答を排除する形で構成していなければなりません。

❺ ただし依頼者フォローはお忘れなく

　ただし、個別的、具体的な質問と答えを端的に繰り返すというのは日常交わされる人と人との会話とは異質なやりとりです。

　特に、「簡潔に、短く答えてください」と要求され続けることで、あなたの依頼者や証人は「せっかく裁判所に行ったのに、言いたいことや反論が遮られて十分に聞いてもらえなかった」という不満を持つことがあります。

　そのため、事前の打ち合わせでは、ポイントを絞って個別的、具体的な質問に端的に答えてもらうことが事実認定の上ではより効果的であること、必要な事項については一つ一つ個別に必要な範囲で質問していくことを十分に説明し、理解しておいてもらう必要があります。

　また、反対尋問で依頼者や証人の言い分が十分に述べさせてもらえなかった場合（「というのは実は…」→「いえ、その点は結構です」といったケース）には、再主尋問で改めてその点を補足させる質問をしてフォローするなどの配慮が必要です。

　この点は、たとえ訴訟の帰趨には影響しない部分であっても、おざな

りに済ませてしまうと証人や当事者（依頼者）本人に不満の残り易いところです（この不満は敗訴したときに噴出します）。

03.「してはならない」質問がある

重要度：★★★★

質問内容は基本的に自由に組み立てられるのですが、「してはならない」質問として、規則で明示的に禁止されているものがあります（規則115Ⅱ）。

これらの「してはならない」質問は、質問に対する異議の事由（規則115Ⅲ）にも該当するので（→5章2-4）、**相手方から異議を出されにくい尋問事項を組み立てるうえで**、また**相手方の質問の対策を練るうえで、知識を整理し、精通しておく必要があります。**

なお、**規則115条2項で6つの「してはならない」質問が挙げられていますが、これは例示的な規定とされ**（コンメ236頁）、これ以外でも不相当な質問については禁止され、また質問に対する異議（→5章2～4）の対象になると考えられています。

この、「してはならない質問」については、⇒第1章4で詳しく説明していきます。

04. 文書等を利用する場合にはルールがある

重要度：★★★

証人等に質問をする際、質問内容や回答に具体性を持たせるため、文書や証拠物等を示したいときがあります。

人の記憶には限界があり、複雑な事実経過や過去の行動について口頭の質問だけで明確に答えることは簡単ではありません。また、言葉だけで説明しようとすると質問の趣旨がわかりにくくひどくまどろっこしくなってしまうこともあります（試しに、どこでもいいので、交差点の形状やその周囲に何があるかを言葉だけで説明してみてください）。

そこで民事訴訟規則では、当事者は**裁判長の許可を得て**文書、図面、

写真、模型、装置その他の適当な物件（文書等）を利用して証人に質問
できるものと定められています（規則116Ⅰ）。

　この「文書利用」のルールについては、⇒第1章5で詳しく説明して
いきます。

05. 証人・当事者・傍聴人の在廷と退廷

重要度：★★

❶ 隔離尋問の原則とその例外

　通常、同一の証拠調べ期日に2人以上の証人の尋問を行う場合は、裁
判長は後に尋問する証人を退廷させることになります。これは、あとの
証人が最初の証人の証言を聞くことにより、不当な影響を受けて自由な
証言ができなくなること、先の証人の証言に対する後出し的な弁明を許
してしまうことなどを防ぐ点に趣旨があります。

　ですが、あとの証人に先の証人の供述内容を聞かせておいた方が、実
質的で充実した尋問が可能になるという場合もあります。このときは裁
判長があとの証人にも先の証人の尋問中、在廷を許すことができるとさ
れています（規則120）。

　例えば、複数の証人間で質問事項や予想される回答の内容が相互に関
連するというケースや、双方の主張や言い分が真正面から対立している
ケースでは、むしろあとの証人に先の証人の供述を聞かせた上で尋問に
入る方が、対立点や双方の主張のいずれが合理的か等がよりよく理解で
きるということもあるでしょう。そういった場合であれば、あとの証人
に在廷を許す必要性や合理性があります。

　逆にまた、1人目の証人に事故の目撃状況を訊き、2人目の証人には
原告の損害発生の有無を尋ねるというように、複数の証人がいる場合で
も、その答えさせる内容相互に関連性が乏しい場合は、あえて隔離する
意味がないので、このときも在廷が許されると考えられます。

　なお、証人と違って、**当事者本人は証拠調べ期日において在廷する権
利がある**ため、（仮に先の証人尋問の結果が証言に影響する余地がある

第1章　民事尋問の基礎知識　**33**

としても) 退廷させることはできません (規則127但書、120)。

❷ 傍聴人の退廷 (規則121)

　証人等が特定の傍聴人の面前では威圧されて十分な陳述をすることができないと認められるとき、裁判長は、当事者の意見を聴いて、その証人が陳述する間、その傍聴人を退廷させることができます。たいていの場合は、その証人等の尋問を申請した当事者の側が裁判所に傍聴人を退廷させるよう職権発動を求めることになります。裁判の公開 (憲法82Ⅰ) の例外を定めたものと言えますが、「その傍聴人」とあるように自由な供述を妨げる特定の人物を一時的に退廷させることが想定されているので、**傍聴席にいる人全員を退廷させることを定めたものではありません。**

　ただ、実際にこの傍聴人の退廷が問題となるケースというのは多くはありません。

質問が個別的・具体的かという点は、質問の構成力や証人等を前にした現場での対応力といった尋問者の巧拙を最もよく表す指標である。

CHAPTER.1
04 | NG質問の一覧

　ここでは、質問の構成や質問に対する異議（→5章）に大きく関わる「してはならない」質問（規則115Ⅱ）について検討します。

01. 証人を侮辱し、又は困惑させる質問

重要度：★★★

　これらは法廷の品位を保ち、また証人の人格を守ることを目的とするルールで、特に反対尋問の場合に多く問題になります。
　この規則115条2項1号事由（侮辱質問、困惑させる質問）については2号以下の事由と異なり**絶対的に禁止**され、許される場合というのはありません。
　自分や親族の名誉を害するような質問について証人は証言を拒絶できるのですが（民訴196）、そもそもそのような質問をすること自体が制限されるということです。**侮辱的な質問**が許される理由はありませんから前段は非常にわかりやすいところです。

第1章　民事尋問の基礎知識　35

「あなたバカですか？」「小学校ちゃんと出てますか？」などといった質問はされる方も聞く方も不愉快ですし、具体的にそのような内容の質問が必要となる場面も考えがたいところです。

では**「困惑させる質問」**は具体的にどういうものを言うのでしょうか。これは一概には言えません。

正当な質問をした結果、痛いところを突かれた証人等が勝手に困惑するということも法廷ではよくある話で、これ自体は仕方ありません。例えば、陳述書の内容や主尋問での供述から明らかに事実経過に時間的・物理的矛盾があるといったケースでは、その齟齬を追及すべき場合が出てきます。

このような例はいくらでもありますが、例えば反対尋問で次のように切り返し、それで証人がしどろもどろになったというケースです（このとき、証人の証言が虚言であったかどうかは問いません）。

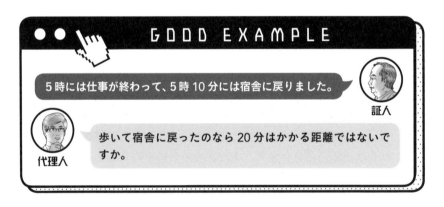

このような質問が本条でいう「困惑させる（させた）質問」に当たるとして制限されるとするのは相当ではありません。

特に反対尋問では、適切・的確な質問ほど、供述者を窮地に立たせることになる側面がありますから、そのような質問に対し「証人を当惑させる質問だ」として異議を出すというのはいかにもナンセンスに見えます。

やや線引きが難しいところですが、**もっぱら証人等を当惑させること
を目的とした質問**が「困惑させる質問」として禁止されると考えておけ
ばよいでしょう。

例えば、些末な事項について供述者の記憶が曖昧・不明朗であること
をことさらに指摘したり、供述者自身があずかり知らぬ事項を前提に矢
継ぎ早に質問したりして、供述者が返答に窮する様子を供述全体の信用
性が乏しい証左であるかのように印象づけようとする場合でしょうか。

■ 02. 誘導質問

重要度：★★★★★

❶「原則」禁止です

誘導質問（規則115Ⅱ②）というのは、**証人等に質問者の希望又は期待
する答えを暗示する質問形式**をいい（尋問技術129頁）、これも**証人・当
事者尋問では原則として禁止されます**。

証拠調べでは、証人等が体験した事実や認識などを記憶に従って自由
な意思で述べさせるというのがタテマエです。回答が質問者の求める内
容に従って行われると、証人等の体験した事実の正確な顕出ができなく
なり、証拠調べの意味がなくなってしまうからですね（完全に誘導が許
されるのなら陳述書の提出で足り、主尋問は意味を失います）。ここで
は、まず誘導質問の具体的な意味を正確に捉えておく必要があります。

回答者が質問者に対し、答えてほしい内容を暗に示す形でなされる場
合が誘導質問なので、単純に「はい」か「いいえ」で答えられる質問、例
えば「○○だったんじゃないですか」「××したんでしょう」といった訊
き方の場合は多くの場合、誘導質問に当たりそうです。

「証人に質問者の希望又は期待する答えを暗示」する質問かどうかで
すから、回答者がその暗示に沿って答えるつもりがあるかどうかはここ
では関係がありません。

これに対し、そのような極端にクローズな訊き方ではなく、複数の選
択肢を挙げてその中から選ばせる方法であれば、誘導的性格はある程度

第1章　民事尋問の基礎知識　37

薄まりますが、それも訊き方や質問の内容・位置づけ次第です。

　「それからどうなったのですか」「何が起こったのですか」といった完全にオープンな質問であれば誘導質問には当たりません（ただし、質問に具体性がない点が別途問題となる余地はあります。（規則115Ⅰ）。このように**誘導質問は原則禁止**とされるのですが、「正当な理由」がある場合には許容されます（規則115Ⅱ②）。この「正当な理由」がいかなる場合に認められるかについては民事訴訟法、民事訴訟規則には詳細な定めがおかれていませんが、重要なところなので少し詳しく見ておきましょう。

❷ そもそも誘導のおそれが小さい証人の場合

　「原則として、誘導質問は主尋問では禁止され、反対尋問では許される」ということが、尋問の一般的なルールとして実務で受け入れられています。これは、誘導質問は原則禁止（規則115Ⅱ②）であるものの、通常、質問者と供述者との間に対立関係がある反対尋問の場合には、誘導質問をしても不当な誘導の弊害が生じないと考えられることによります。

　あまり知られていないことですが、東京高等裁判所訴訟手続準則という東京高裁の定める民事訴訟の内規的なルールがあり、その67条で「誘導尋問は、反対尋問の場合を除きこれをしてはならない」との定めが置かれています。これも上に見たような一般的なルールと軌を一にしていると見ることができます。

　レアなケースですが、敵性証人に対して主尋問を行う場合（事実や証拠の偏在が見られる事案などでたまにあります）には、主尋問であっても、反対尋問同様、誘導が認められる場合があると言えるでしょう。

❸ 刑事訴訟規則199の3条3項但書に列挙される場合

　刑事訴訟規則199の3条3項では、刑事訴訟手続における尋問について、「主尋問においては、誘導尋問をしてはならない。」との原則的な定めを置いた上で、続く但書において、以下に列挙されるような場合には、主尋問であっても例外的に誘導尋問ができるものと定めています。

　一　証人の身分、経歴、交友関係等で、実質的な尋問に入るに先だつて明

らかにする必要のある準備的な事項に関するとき。

二　訴訟関係人に争いのないことが明らかな事項に関するとき。

三　証人の記憶が明らかでない事項についてその記憶を喚起するため必要
　があるとき。

四　証人が主尋問者に対して敵意又は反感を示すとき。

五　証人が証言を避けようとする事項に関するとき。

六　証人が前の供述と相反するか又は実質的に異なる供述をした場合にお
　いて、その述した事項に関するとき。

七　その他誘導尋問を必要とする特別の事情があるとき。

　これらはいずれも誘導されることによる弊害が小さいか、あるいは、少なくとも誘導質問による利益が弊害を上回るという場合を列挙したものと見ることができます（なお、四については、先に見た「そもそも誘導のおそれが小さい証人の場合」と重複するように思われます）。

　以上の定めは、刑事手続法上の規律ではありますが、民事訴訟の尋問において誘導質問に「正当な理由がある」として許容される場合として類推（あるいは応用）することが可能です。

03. 既にした質問と重複する質問

重要度：★★★★

　既にした質問を繰り返し行うことは原則として認められません（規則115Ⅱ③）。一度した質問である以上、それを繰り返し行うことは通常意味がなく無駄だからです。

　もっとも、これも「正当な理由」がある場合には許されます。

　例えば、**一度訊いて答えを得た質問であっても、その内容があやふやであるとか、誤っているように思われるとき**に、確認のために再度同じことを訊いてみるべき場合はあるでしょう。

　また、反対尋問で証人や相手方本人がどうにも**はぐらかしたり明確な答えを避けようとしたりする場合**には、同じ質問を再度ぶつけてもう一押しした方がよいことも当然あります。

第1章　民事尋問の基礎知識　　39

このようなケースでは、一度訊いた内容であるからといって、質問が制限されると考える必要はありません。機械的に同じ質問を繰り返すのではなく、先の答えに反する事項を引き出したり、証人等の曖昧な記憶を喚起させる質問をぶつけたりといったやりとりを挟んでから行うことで、やみくもに同じ質問を無為に繰り返しているという印象はなくなります。

ただ、そういった合理的な理由や目的がないのに、既に一度証人や当事者が明確に答えている事項について、何とか違う答えを引き出そうとして同じ質問をぶつけるのは意味がないだけでなく、望ましくない相手の言い分を固めてしまうおそれがあります。

▐ 04. 争点に関係のない質問

重要度：★★★

争点と関係のない質問（規則115Ⅱ④）を行う意味はありません。

証拠調べは、その前段階で行われる整理手続で争点を絞り込んだ上で行われているはずであり、そのように整理された争点と関連のない質問を行うことは、争点整理の意味すら失わせてしまいます。

ただ、難しいのは、（特に反対尋問においては）あえて**争点との関連が明確にわからない形で質問を組み立てて証人等を追い込んでいくべき場合**があるということです。

例えば、実際には争点と関連した布石としての質問であるけれども、布石であるがゆえに、あえて証人等には質問の意図を察知されにくい訊き方をしなければならないという場合がよくあります。弾劾証拠（→4章6）をぶつける準備として行う場合などはその典型です。

ところが、この質問の意図がつかみにくすぎると**裁判官や相手方代理人から「争点と関係ない質問ではないか」といった異議や求釈明が入るおそれ**があります。

そういうとき、質問の意図と争点との関連を明らかにしてしまうと、布石として意味をなさなくなり、結果、反対尋問の効果が大きく削がれ

てしまいます。

そのため、相手方や裁判官に横ヤリを入れさせない質問の仕方が求められます。

この点は、反対尋問編で具体例とともに詳しく触れます（→4章4）。

██ 05. 意見の陳述を求める質問

重要度：★★★★

証人尋問、当事者尋問は、過去の事実の存否や状態について、それらの者が体験したり認識したりした事項を答えさせることを目的としています。

そのため、供述者が体験していない事実について、その意見や推測を述べさせることは尋問では本来予定されていません。意見を求める質問が制限される理由もここにあります（規則115Ⅱ⑤）。

例えば、証人に「被告に過失があると思うか」や「原告の明渡し請求は認められるべきだと思うか」といった質問をする意味は通常ありません。また、証人等自身が直接体験しなかった事実に基づいて推測した事項を述べさせようとする場合も同様です。

証人もたいていの場合、いずれかの当事者に近いポジションにいるのが普通であって、客観的・合理的な根拠のない単なる意見や推測を述べさせる理由がありませんし、それらを事実認定の根拠とするわけにもいかないからです。当事者については言うに及びません。

この点、鑑定人が特別な学識経験をもとに、与えられた事実から導かれる推論や専門家としての意見を述べること、それゆえ、中立性が求められることと対照的です（→7章1）。

逆に言えば、証人等に意見や推測を答えさせる質問であっても、**それらの者が自ら体験した事実に基づく意見や推測であって、その内容に合理性や客観性・確実性が認められる事項**に関する場合には、許されてよいと考えられます。

例えば、「あなたが○月○日に駅で見た男性と×月×日に自宅前で見

第1章 民事尋問の基礎知識　41

た男性とは同じ人だったと思うか」「あなたが見た女性はだいたい何歳くらいだと思うか」「この契約書の署名部分は被告が書いたものだと思うか」といった質問は、なぜそのように考えられるのかという具体的根拠を併せて答えさせるのであれば、得られる証言にも一定の価値があるといえ、許されるべきです。

０６. 直接経験していない事実についての質問

重要度：★★★★

　これは、「**直接**経験しなかった」とあるように、いわゆる伝聞証言を引き出そうとする質問を制限しようとするものです。

　例えば、交通事故で、**事故発生当時の記憶が欠落している**という原告に対し「被告車両の速度は事故当時どれくらいだったのでしょうか」という質問を投げかけ、「時速 80 キロは出ていたようです」といった答えを引きだそうとする場合でしょうか（これを便宜上「伝聞的質問」といいます）。

　この場合、「被告車両が時速 80 キロ程度は出していた」という事実は、被害者である原告自身が認識・体験したものではありません（正確には、体験はしたのでしょうがその記憶がないのです）。おそらく事故後の警察官や目撃者の説明が根拠となっているのでしょうが、その場合でも、原告にとっては伝聞でしかありません。

　このような答えに対しては、伝聞であるがゆえに、被告の側もその核心となる部分（「被告車両が事故当時時速 80 キロ程度は出していた」）を反対尋問で直接切り崩すことができません。直接体験した者が法廷にいないため、その者の認識や記憶、表現の各過程での問題が無かったかという形で真実かどうかを検証することができないからです。

　一方、「警察（ないし目撃者）の方は被告車両の速度は事故当時どれくらいだったと言っていましたか」という質問に対し「時速 80 キロは出ていたと聞かされました」という答え方であれば、「警察（目撃者）が原告にどのような説明をしていたか」が問題となり、これは反対尋問の真偽

の検証が可能であるため伝聞証言ではありません（「非伝聞的質問」）。

　このように、訊き方や答えさせたい内容によって、質問は伝聞証言を求めるものになったり、ならなかったりします。

　民訴規則の条文（規則115 Ⅱ⑥）をそのまま読めば、先の例のような訊き方は制限され、あとの例のような訊き方であれば許されるというように読めます。

　ただ、刑事訴訟と異なり、**民事では伝聞証拠の原則排除といった厳格な証拠法則は取られておらず**、伝聞証言であってもその採否や評価は裁判官の自由心証（民訴247）に委ねられています。

　その意味で、民事尋問においては、伝聞的質問か非伝聞的質問かという違いは少なくとも立証上、大きな差異を生みません。

　上記のケースを見てもわかるように、どのような訊き方をしても、結局のところ「事故当時、被告車両が時速80キロ程度の速度を出していたか否か」が俎上にのせられており、これを裏付ける具体的・合理的な根拠がどれだけそろっているかが問題となるわけです。

　証明しようとしている核心部分の検証ができないのであれば、非伝聞的質問であろうが、例外的に許された伝聞的質問であろうが、その答えに大きな信用性・証拠価値が認められることはありません。

　この点は尋問での訊き方で何か大きな違いが出てくるわけではないのです。

▌07. 誤導質問

重要度：★★★★★

　以上は規則115条で明示的に禁止される質問に関するものですが、これとは別にいかなる場合も禁止されるのが**誤導質問**です。

　誤導質問は、**「争いのある事実あるいはいまだ証言されていない事実を真実として、すなわち実際に存在する事実であるかのように仮定し、この仮定された事実を前提として質問の中に織り込んだ質問（仮定質問）、あるいは多種類の選択肢があり得るのにそのうちの2種類のみを**

第1章　民事尋問の基礎知識　　**43**

恣意的に選び、そのいずれかを選択させるような質問をいう」とされています(尋問技術133頁)。

　例えば、貸金か贈与かが争点となっている貸金請求の事案で、被告は贈与であるとして争っているけれども、書証として被告の署名・押印がなされた金銭の借用書が存在するというケースを考えてみましょう。

　原告から被告に対し、借用書を示して「贈与であるというのであればなぜ返還の約束をしたのですか」との質問を投げかけるのは、被告が返還約束の事実を争っている以上、誤導と言わなければなりません。

　この場合、原告としては、被告の主張と相反する(ように見える)書証が存在する意味を明らかにしておく必要はあるので、誤導を避けようと思えば端的に「なぜ金銭の返還を約束する文言が書かれた書類に署名押印して交付しているのか」を尋ねることになります。

　さらに、実務的には、上記のような場合の他、**既に証言された事項や陳述書等の証拠で現れている内容と矛盾する事項を前提として質問する場合**(前提事実の認識を誤った質問)も、許されない誤導質問に当たると捉えられています。

　誤導質問は主尋問・反対尋問を問わず問題となりうるものですが、場合により許される誘導質問と違って、ルールとしてもテクニックとしても許容される場面はありません。

誘導質問は場合により許容され、テクニックとして活用される余地がある。一方、誤導質問は単なる恥である。

CHAPTER.1

05 尋問に文書等を利用する場合

01. 文書等を利用する場合のルール

重要度：★★★

　民訴規則では、当事者は**裁判長の許可を得て**文書、図面、写真、模型、装置その他の適当な物件（文書等）を利用して証人に質問できるものと定められています（規則116Ⅰ）。

　尋問では、重要な書証を証人等に示すということがごく普通に、当たり前のように行われているのですが、制度上はこの**「文書等の質問への利用」に当たり裁判長の許可が必要**なのです。

　また、事故発生時の当事者や車両の位置関係などを明確にするために、予め用意した図面や写真の写しなどへ証人等に書き込ませ、それらを尋問調書に添付する扱いがとられることがありますが、これも「文書等の質問への利用」に当たります。

　このような場合も含め、質問に際して文書等を示すときには、それが

第1章　民事尋問の基礎知識　　45

提出済みの証拠であれば「甲第○号証、平成28年4月1日付賃貸借契約書を示します。」というように証拠番号や標目とともに、証人に示すことを宣言するはずです。このとき、裁判官から「ちょっと待った」と声がかかることは普通はなく、このやりとりで裁判長が文書等を質問に利用するについて黙示の許可を与えていると見ることができます。

このように、明示的に許可するという形がとられることが多くないため、尋問では証拠であれば、何でもかんでも自由気ままに証人等に示してよいのだと誤解しがちです。しかし、あくまでも**示すには裁判長の許可が必要**なのです。覚えておきましょう。

代理人であれば誰しも、打ち合わせをしたはずなのに主尋問で想定外の答えを好き勝手に連発する証人や当事者を前に、自分が作ったカンペを示して尋問できたらどれだけ楽かと思ってしまう瞬間があるはずです。とはいえ、そういったものを示すことはできないということですね。

▌02. 未提出の文書等を示す場合の注意点

重要度：★★★★

ここで注意が必要なのは、**証拠として提出されていない文書等**を示す場合の規制です（規則116Ⅱ）。このとき、**質問の前に、相手方にこれを閲覧する機会を与えなければなりません。**

相手方に異議がなければ何も問題ないのですが（規則116Ⅱ但書）、このように事前に全く確認の機会が与えられていなかった書面等が示されそうになったときに異議が出るということは、実は少なくありません。

なお、この規則116条2項の書き方では、尋問で示す前に相手方に閲覧する機会を与えれば足りるとされており、例えば、尋問期日の冒頭で「今から尋問でこの資料を示す予定ですので」と断る形でも足りるようにも読めます。

しかし、そもそも、人証調べで使用する予定の文書は、相手方への不意打ちを防止するため、「証人等の陳述の信用性を争うための証拠として使用するもの＝弾劾証拠」（→4章6）を除き、その**尋問を開始するときの相当期間前までに提出しておかなければなりません**（規則102）。

46

ですから、弾劾証拠として使用する場合や単に証人等の記憶喚起のためだけに示そうとする場合を除き、**尋問で使用する文書については、原則として尋問期日の相当期間前までに証拠として提出しておかなければならない**、ということになります。

　まだ証拠として提出していない文書を示そうとしたとき、それが尋問当日に初めて相手の目に触れるもので、かつ内容も単純でないという場合であれば、尋問での利用について異議が出るおそれは高くなります。

　相手方としては、不適切な文書を示されることで証言が不当な形で誘導されたり、十分な反論準備ができない不意打ち的な尋問がなされたりしては大いに困るわけで、この異議がやむを得ないことは、逆の立場に立てば理解が容易です。

　そして、事前に証拠提出していない文書を尋問で示そうとした際に、相手方から思わぬ異議が出されると、あなたの立証計画にも狂いが生じますし、何より大きく気勢を削がれます。

　なお、未提出であることについて「これは弾劾証拠だから後出が許されるはずだ」と強弁する場面を見ることがありますが、実際に内容を見てみると弾劾証拠でも何でもないというケースが少なくありません。

　何より、弾劾証拠となってしまうと、**弾劾証拠としてしか使用できなくなる（本証には使えない）という大きなデメリット**があります（→4章6-3）。

　普通、尋問準備で尋問事項を組み立てるときに、どこでどのような資料を証人等に示すべきかということが自然と明らかになってくるはずです。まだ証拠提出されていない文書の場合には尋問期日の相当期間前に証拠提出しておくという下準備が必要です（ときどき、尋問期日の数日前になって、尋問で示すのであろう証拠書類が駆け込み的に提出されるということがありますが、尋問当日に相手に示すよりはずっといいでしょう）。

03. 文書等の示し方の配慮

重要度：★★★

さて、証人等への質問に際し、文書等を示す場合、どのような点に配慮すべきでしょうか。これは事前の閲覧機会のことではなく尋問の現場での示し方の話です。

まず、何を示すのかを明確に宣言すべきです。時折、法廷では「甲第○号証を示します」等、証拠番号のみを述べるケースが見られます。これでは、聞いている相手方や裁判所は手元の証拠ファイルを確認するまで、それが陳述書なのか、実況見分調書なのか、領収証なのかがわからず、その結果、続く尋問者と証人等のやりとりに意識を向けるのが遅れるという問題があります。何より、聞き手にとって不親切です。

そこで、証拠を示す際は、証拠番号だけでなく「甲第○号証、原告の陳述書を示します」「乙第○号証、平成28年4月1日付金銭消費貸借契約書を示します」というように、**証拠の内容まで（証拠が大部であれば該当頁まで）触れ、聞き手の思考の負担を減らす工夫をすべき**です（証拠提出されていない文書等を示す場合も同様）。

また、証人等に示したあとは、一呼吸おき、相手が示された書面の内容に目を通し、十分な理解や記憶喚起ができるだけの時間をおいてから、質問に入っていくのがよいでしょう。今まさに書面を読んで理解しようと試みているときに横であれこれ質問されても、証人等には理解が困難です。

そして、示した文書等の内容に証言が引っ張られること（ないし、そのように受け取られること）を避けるため、文書等を示す目的が達成されたら速やかに引き上げ、生の質問と回答のやりとりに戻るべきです。

証拠調べ手続上の一挙手一投足について、法的根拠、許可・同意の要否を押さえておくことは、尋問で優位に立つための必須の条件である。

CHAPTER.1

06 法廷での立ち居振る舞い

01. ルールがなくとも、守りたいことがある

　これまで述べてきたのは、民事訴訟規則上定められているルールに関するものでしたが、そのように明文で定められたもの以外にも、尋問の際にはきちんと守っておきたい約束事があります。

　以下に述べる事項は、だいたい尋問手続の前に裁判所から注意されることですが、質問と回答の繰り返しの中で余裕がなくなってくるとついおろそかになりがちなことばかりです。

　ルールというよりも、尋問を円滑でわかりやすくするためのヒントやマナーのようなものばかりですが、尋問の効果を上げ、あなたの力量を正しく示す上でどれも大切です。

02. はっきりと明瞭に、落ち着いて

重要度：★★★★★

　まず大切なことは、あなたが質問する際も、また証人等がそれに答える際も、**発する言葉は大きく、明瞭でなければならない**ということです。

　尋問はあなたと証人等の会話が目的なのではなく、裁判所に聞かせて心証を取ってもらうために行うものです。また、そのためには調書作成を担当する書記官にも、きちんとやりとりが聞こえていなければなりません。

　例えば、「します」「しません」や「います」「いません」ではそれぞれ全く意味が変わってきますが、**声が小さいと、特に語尾が聴き取りにくくなりがち**ですから、どちらの立場で尋問する場合も注意が必要です。聞こえにくいときには再度「今のは『処分しています』という答えですね」と面倒でも確認しておくことです。

　訊く際のスピードも意識して、**心持ちゆっくり目**にしましょう。

　何度も準備書面を起案し、弁論準備でも口頭のやりとりを繰り返してきたあなたにとってはわかりきっていることがらでも、その日初めて呼び出された証人等には理解が難しいというのは尋問では普通にあることです。

　ただでさえ、慣れない法廷に引き出されて衆人環視のもと緊張しきっている証人や本人にとって、その場であなたから質問された内容を耳で正しく聴き取って過不足なく答えるというのは案外に難しいものです（少し状況は違いますが、アルバイトや就職の面接のときを思い出してみてください）。

　質問はゆっくりと短く発し、証人等の答えのあとに質問を続けるときも、**答えに質問が重ならないよう、一呼吸おいてから質問を続けましょう**。

03. 質問の前に必ず立場と氏名を言う

重要度：★★

必ず、質問を行う前にあなたの肩書（立場）と名前を発言しましょう。

「原告代理人の中村から質問いたします」

これで十分ですが、**主尋問、反対尋問、再主尋問以降のターンで再度質問に立つ場合**には必ず言いましょう。必ずです。あなたの出番が回ってくるたびに、自己紹介してください。

簡易裁判所での審理（規則170Ⅰ・Ⅱ参照）を除き、証拠調べ手続では、質問と回答のやりとりが録音され、それをもとに尋問調書が作られます。

ところが、この質問前の立場と名前の宣言がないと、あとから録音を聴き直しても、しゃべっているのが誰なのかがわからないということが起こります。

我々も、依頼者が「重要証拠」として持ってきた不明瞭な秘密録音テープを聴いていて、誰が何を言っているのかがよくわからず閉口するということがありますね。

民事尋問でも、やりとりが正しく調書に記載されるためには、あなたの質問があなたによって行われたことが反訳者や書記官に明確に理解してもらえる形でなければなりません。

調書上、質問者は「原告代理人中村」「被告代理人吉田」「裁判官」などと記載されますが、再主尋問以降で質問者がコロコロ変わる場面では稀に実際の質問者と異なる記載になってしまっていることがあります（だから、調書も100パーセント鵜呑みにするようではいけません）。

「必ず質問前にお立場とお名前を」と指示する裁判官自身が補充質問や介入質問の際に名前を言わなかったとしても、あなただけは愚直に自己紹介を繰り返してください。

第1章 民事尋問の基礎知識 51

04. 曖昧な表現は使わず使わせず

重要度：★★★★★

❶ 「だいたいわかる」は許すまじ

　質問に際しては、**具体的に何を訊いているのかがわかりにくい訊き方、表現は極力避けましょう。**

　答えが得られても、あとで調書を読んだときにそれが具体的に何についての回答であるかがわかりにくければ意味がないからです。これは、質問するときの訊き方、質問する対象の両方に言えることです。

　例えば、証人等に過去の認識を聞く場合、まさに事件当時の認識を訊いているのか、紛争化したあとのことを訊いているのか、あるいは尋問直前のことを訊いているのかで、その答えの評価は全く違ったものになります。いつの時点の認識について訊いているのか、質問内容から一義的に読み取れる質問の仕方を選ばなければなりません。曖昧な質問内容では、証人等の答えの内容も曖昧になってしまいます。

　とりわけ、口語では主語（誰が）や目的語（誰に）が省略されがちなので、人と人との複雑な会話のやりとりに関して聞いていると、いったい誰の誰に対する言動なのかが傍から聞いていて非常にわかりにくくなりがちです。法律相談で前のめりの相談者から話を聴くときによく経験するパターンですが、尋問では、相手方の主尋問を聴いているときに起こりがちです。

　話している当人（証人等）や質問者自身は打合わせもして、いつの誰の行動のことかが頭ではわかっているのですが、聞いている方はそうはいきません。

　「質問の流れでいつのことを訊いているのかはだいたいわかるじゃないか」という意見もあるかもしれませんが、**尋問で得た答えの意味を解釈に委ねなければならないというのは全く馬鹿げています。**

❷ 調書になった形をイメージして介入せよ

　逆に相手方から曖昧な質問や答えが飛び出したときには、異議を述べて、

不明確な部分について具体的にするよう求めるべきでしょう。

　さて、この場合の「異議」の根拠は何でしょうか。

　「質問の内容が曖昧」というのは、規則115条2項各号の異議事由にそのまま当てはまりにくいように思えます。もっとも、あとに見るように、**規則115条2項各号の質問は、不相当であり制限されるべき質問を例示列挙したもの**とされ（→本章4）、内容が曖昧な質問も、その趣旨が不明確であるために同じく不相当であると考えることができそうです。また、ここでいう「異議」はいわゆる法律上の異議ではなく、「質問に対する異議」とも呼ぶべきものです（→5章1-2）。

　この点に関して、もう一つ指摘しておきたいのは、**証人等が答えの中で身振り等を用いたときには、必ずそれを言葉で明確化する質問をしておかなければならない**ということです。

　例えば、「そのときの右腕の動きはどうでしたか」との質問に対し、証人が「こういった感じでした」といいながら、真上に伸ばした右腕を体の前方向に倒しつつ、下まで回転させるジェスチャーをしたときを考えてください。

　こういった場合、そのままでは尋問調書にも「こういった感じでした」としか記載されず、実際に証人が示した右腕の動きが全く記録化されません。ですから、ジェスチャーが出た場合にはすかさず、「今動かしてもらったように、上にまっすぐ伸ばした右腕を、伸ばしたまま体の前方に、腰の横になる位置まで回して下ろしたということですね」と質問します（これは誘導質問になりますが、証人等が実際に示した動きと一致している限り、「正当な理由」（規則115II但書）ありと言えるでしょう）。

　このような質問による身振りの明確化の作業は、「どのくらいの大きさでしたか」「どの程度足が曲がりましたか」といった「どの程度（how）」を用いた質問をしたときに必要になることが多くあります。

第1章　民事尋問の基礎知識　53

05. 質問は必ず明確な疑問文の形で

重要度：★★★

　質問は、相手（証人等）に問いを投げかける行為ですから、その訊き方は疑問形であるべきです。ですから、質問の末尾は必ずそれが疑問文であることがわかる形にしてください。例えば、

BAD EXAMPLE

代理人

それで、あなたはこの契約書に署名したと。

あなたはそのとき原告に代理権があるかないかわからないんじゃない。

といった明確な疑問文の形になっていない訊き方は避けましょう。

　こういう語尾の言葉でのやりとりは日常会話では珍しくありませんが、法廷で訊かれている証人等は質問の意味が汲み取りにくくなりますし、調書の形になった場合に、イントネーションまでは伝わらないので全く別の意味に取られてしまうおそれがあります。

　上の場合であれば、

GOOD EXAMPLE

代理人

それで、あなたはこの契約書に署名したということですか（〜署名したということですね）。

あなたはそのとき原告に代理権があるかないかわからなかったのではないですか（〜ではありませんか）。

というように、「〜ですか（〜ですね）」「〜ないですか（〜ないですね）」といった、**明確な疑問形の形で質問をするクセを付けましょう。**

06. 相手方の尋問中は必ずメモを取る

重要度：★★★★

主尋問であっても反対尋問であっても**相手方の尋問中は必ずメモを取る**ようにしてください。

集中証拠調べが採用される以前の実務を知っている若手はほとんどいないでしょうが、今は原則として主尋問と反対尋問は同じ期日に行わなければならなくなり、その結果、主尋問の調書ができてから反対尋問の準備をするというのびのびした立証活動はできなくなりました。

つまり、あなたは相手方の主尋問のすぐあとで効果的な反論を行うことを求められるのです。

このときに頼りになるのはあなたの記憶と手控え（メモ）だけです。ところが、ご存じのようにあなたの記憶というのは非常に不確かでアテになりません。

例えば、相手方の主尋問を聴いていると、「事前の準備では想定していなかったけれども、ここは是非反対尋問で訊いてやらなければ！」という事項が出てくることがあります。尋問が楽しくなる数少ない瞬間です。

ところが、そう思いを巡らしている間もあなたは目の前の主尋問のやりとりに集中しなければなりません。

そうすると、よほど頭の中が整理されていない限り、そういったポッと断片的に浮かんだ記憶を保持し続けるというのは非常に難しくなります。

「主尋問早く終われ終われ終われ」と念じつつやっと回ってきた自分の出番になって、「はて、何を訊こうとしていたのだろうか？」と途方に暮れ、焦ってどうでもいい質問を繰り返したあげく、「終わります」と口走ってしまう。**初心者の陥りやすいパターンです。**

第1章　民事尋問の基礎知識　　**55**

そこで、必ずメモを取りましょう。

といっても、尋問調書を作るわけではないので、相手方の証人等が話した内容全てを書き取っていく必要はありません。あくまでも反対尋問や再主尋問に必要と思われる限りで形に残していけば足りるのです。

主尋問を聴く側（反対尋問に備える側）であれば、陳述書やそれまでの主張と異なる部分、あるいは尋問で新たに出てきた部分について、簡潔な形で書き留めていき、併せて、**反対尋問で訊くべき事項が出てきたときには目立つマークを付けて質問事項を書き留めておきます。**

私の場合は、反対尋問側であってもかなり詳細なシナリオ（反対尋問の想定問答集）を作るのですが、主尋問を聴きながら、必要なくなった質問事項を手元のシナリオから順次削除していきます。

また、新たに反対尋問で訊くべきポイントが出てきた場合は、予め作成していた質問事項に関連する部分に大きい☆マークを付けて、質問事項を加えていくようにしています（→４章２【資料】反対尋問の手控えの例）。

逆に反対尋問を聴く側（再主尋問に備える側）の場合は、相手方の反対尋問で答えた内容について、フォローが必要な部分をメモ書きの形で残していき、それを再主尋問で訊くようにします。

人それぞれやり方はあるでしょうが、自分の番が回ってきたときに訊こうと思ったことがすぐに思い出せるような形に記録しておくことが必要です。

07. 証拠等を示されたときは証言台まで行く

重要度：★★★

相手方が証拠や主張書面の記載を示すために証言台に近寄る場合があります。このときには**あなたも必ず証言台のそばまで行き、示されている証拠等の内容、証人等の確認している部分を確認してください。**

ときどき相手方が証拠を示すときに自分の席に座ったまま傍観している代理人を見かけますがこれはいただけません。

あなたが証言台まで足を運ぶことは、証拠が適切に示されているか、

また、証人等の供述の内容が、示された資料とどのように関係しているかをきちんと確認しておく点に主眼があります。

これは何もきれいごとではありません。代理人が示した証拠が自分の記録に綴られている控えの場合、書き込みやラインマーカー、付箋の貼り付けなどがされている場合がよくあります。

相手方代理人に悪意はないとしても、その内容によっては、証人等に対する不当な誘導となるおそれがあるわけです。

極論すれば、相手方代理人が示した証拠に、「ここは『覚えていない』と答えてください」という鉛筆書きがあったとしても、席で安穏と眺めていては気付きようがないのです。

必ず、示された資料の内容をその都度確認し、**書き込みなどがある場合には原則に従って、裁判所に提出されている正本を借りて示すよう求めるべき**でしょう。

08. 不必要に証言台に近寄るな

重要度：★★

相手方が証拠等を示すときは、必ずあなたも立ち上がって証言台のところまで行くべきだ、と書きました。

一方、用が済んだ場合には、速やかに自分の席に戻らなければなりません。必要以上に証人等の近くに居座り続けるのは威迫と受け取られてしまうおそれがあります。

あなたが尋問に際して証人等に書証などを示す場合も同様です。ときどき、示した書証を証言台に置いたまま、証人等の傍らで質問を続ける代理人がいますが、これも証人等の証言に不当な影響を及ぼす危険があると見られるおそれがあり、マナー違反です。

法廷には、証言台の他にわざわざ原告席、被告席が設けられており、質問者用のマイクもそれぞれの席に備え付けられています。自席から離れてする質問はマイクも声を拾いにくくなります（書記官が録音にICレコーダを使っている場合もありますが）。

第1章 民事尋問の基礎知識 **57**

書証等を示しつつ質問を続ける必要がある場合はやむを得ませんが、それが済んだら、裁判所や相手方から指摘を受ける前に、資料を引き上げるとともに速やかに自分の席まで戻りましょう。

▌09. 示す証拠はきちんと整理しておく

重要度：★★★★

尋問で**示す予定の証拠は、予めきちんと整理し、必要な時に必要な箇所を瞬時に示せるようにしておくべきです。**

「何を当たり前のことを」と思うかもしれません。きちんと事実関係と証拠構造（その事件での証拠の有無やそれら相互の結びつき・関連性、証明力の程度等）を理解し、しっかりと尋問の準備を行っていれば、示すべき証拠の標目や番号は自然と頭に入りますし、当日どのあたりでそれが必要になるかも見当がついているはずだからです。

ところが、実際の法廷では、示す証拠の箇所どころか、証拠番号すらもスムーズに出てこないという場面をよく見ます。クリアフォルダからいろいろな書面を出し入れしたり、分厚い証拠ファイルを開こうとして資料を散乱させたり、手に（イヤな）汗を握るシーンです。

示したいものはわかっているのに、それを探すのに手間取って貴重な割当時間が削られていくのは本当につまらないことです。

しかも、証拠を示すのに手間取っている様子は、裁判所や相手方だけでなく、あなたの依頼者から見ても「この人できない人だなぁ」と思わせるに十分なほどカッコ悪いものです。あなた自身、証拠が見つからないことに焦って、尋問のペースが乱され自信がなくなっていき、もういいやと思って示すのを断念してしまう、非常によくない流れです。

逆の場合を考えてみましょう。

必要な箇所で、必要な書証がスムーズかつ的確に示せると、相手方にも裁判所にも、尋問の準備がしっかりできていること、質問内容が相応の根拠に裏付けられていることを印象づけられます。質問が流れに乗ってつかえることなくよいリズムで進むことで、尋問全体の説得力も増す

ように思われます。

　証拠が甲乙合わせて 100 件以上出ている複雑な事件であっても、争点整理が正常に機能している限り、**尋問で示すべき証拠の数はかなり限られるはず**です。少しの準備を整えるだけで、尋問の流れをスムーズなものにすることができるのです。

　あらかじめ証拠ごとに「甲1」「甲2」…というようにタブシールを貼ってすぐに目指す証拠が引けるようにしておきます。

　複数頁にわたる証拠のうち特定の箇所を示したい場合などは、予め付箋を貼っておき、頁を特定しておきます（証拠を提出する段階から頁番号を振っておくなどの配慮が必要です）。

　そして、示す場合には例えば「甲第○号証・○○病院作成の外来診療録 15 頁を示します」というように、**証拠番号・証拠の標目のほか示す頁を具体的に特定**して述べた上で示すと、聞いている方にもかなりわかりやすくなります（このとき、貼ってある付箋は証人等に示す前に剥がした方がよいでしょう）。

　尋問事項書（→ 3 章 2 - 4）の中にも、質問の前の行で「甲○・○○病院外来診療録 15 頁を示す。」というように注記しておけば、それを読みあげるだけでよくなるので流れよく質問を進めることができます。

　このような、事前の事実・証拠の理解や示す証拠の準備をしっかり行うことは、尋問に臨む際のあなたの心の余裕につながります。

　尋問は、訴訟手続の中でも精神力が激しくぶつかり合う特にハードな局面です。できるだけよい心理状態で臨みたいところです。

10. 法廷や証人等に 敬意を払うこと

重要度：★★★★★

　法廷は私的な紛争を解決するため、国民から信託を受けた司法権が発動を求められる場です。法廷は厳粛な場であり、またそうでなければなりません。

　入廷の際は、代理人、証人、本人を問わず、服装を正し、互いに相手

第 1 章　民事尋問の基礎知識　　59

に礼を失しないように振る舞いましょう。

　裁判官が入廷した際には、傍聴人を含め、法廷内に居る者は全員起立する必要がありますが（実は礼までは必要ない）、これは裁判長や裁判官にではなく、**「法廷」に対してその場にいる全員が敬意を示すために**行うものです。

　尋問前には通常、証人や当事者によって宣誓が行われます（民訴201Ⅰ、同207Ⅰ）。また、鑑定の場合にも、鑑定人の宣誓が行われます（民訴216、同201Ⅰ）。

　宣誓は、特に証人や当事者の場合に、偽証防止に意味があるかについて疑問視する声もあります（コンメ210頁）。

　しかし、証人等の証言や鑑定意見の真実性を担保し、裁判の公正を確保するために重要な手続ですから、宣誓の際には、規則に定められているように、証人等だけでなく裁判官から訴訟代理人、傍聴人至るまで、法廷にいる者全員が「起立して厳粛に」行わなければなりません（規則112Ⅱ）。

　また、尋問に際しても、**証人等や相手方にいたずらに攻撃的になったり、不相当なほどに砕けた言葉遣いをしたりするべきではありません。**

　宣誓の際に、記録を見たり、尋問事項書をめくったり、ズボンのベルトを緩めたりと、ゴソゴソするようではいけません。両手は体の前で軽く重ねるか体の横に添え、きちんと背筋を伸ばして聞くべきです。

　ごく稀に、当事者席で座ったまま質問を行う代理人を見かけますが、これもいかがなものでしょうか。基本的に代理人が法廷で発言する際は、弁論事項であれ尋問での質問であれ、起立して行うべきというのが一般的な理解のように思われます。もちろん、ケガや体調などやむを得ない理由がある場合にまで要求されるものではないので、その旨は裁判所に伝え理解を求めましょう。

　我々が、世の中に存在する紛争の解決手段として裁判という方法を選んだ以上、その正当性や権威は裁判所だけでなく、それに関わる者皆の努力と意識によって維持していかなければならないのです。

仮に、出される判決のいくつかに、上級審で瞬時に覆されるほどおかしな内容のものがたまたま含まれていたとしても、それはまた別の話です。

法廷での立ち居振る舞いは、事件の帰趨に直接影響する度合いは小さいが、あなたという一人の法律家の評価には大きく影響する。

COLUMN
i 尋問時の証人・当事者本人の服装などについて

　尋問期日に出頭してもらう証人や当事者の服装や見た目について、代理人は何らかの注意を促すべきでしょうか。

　「裁判官は供述内容で信用性を判断するのだから、見た目は関係ない」という意見があるかもしれませんが、私は**代理人として一定の配慮をしておくべき**だと考えています。

　裁判官は普通、供述内容それだけを見ているわけではありません。供述するときの態度や口調、視線の向け方など、非言語的な情報も供述の信用性判断に影響します。

　また、人の見た目や態度は、その人に対する他人の受け止め方に大きく影響します。「人を見た目で判断してはいけない」という格言自体、**見た目がいかにたやすくその人に対する評価を左右してしまうか**を示しています。

　だらしなく着崩した様子や不遜な態度は、その証人や当事者の法廷（ひいては裁判所）に対する意識の表れであるという誤ったメッセージを与えるおそれがあります。証人や当事者に対するネガティブなイメージが、その供述の信用性判断によい影響を与えることはありません。こちらの方はより深刻です。

　代理人は**出頭する証人や当事者に、法廷にふさわしい服装、態度で臨んでもらうよう注意を促しておくべき**でしょう。

　ただし、「証人や当事者が、普段の仕事や生活ぶりに合わないような整いすぎた服装で出てきたら、『何かそうすることで覆い隠そうとしているものがあるのではないか』と警戒してしまう」という裁判官もいるようです。

　供述の真偽を判断しようとする裁判官にとって、自分を必要以上によく見せようとしている（ように見える）証人等に対して身構えてしまうというのは、理解できない話ではありません。

　整いすぎているのも問題というのは、証人等の身なりも陳述書の内容も同じですね。

第2章

陳述書

CHAPTER.2

01 陳述書とは

01. 陳述書が生まれたわけ（沿革）

❶ かつては存在感が薄かった

　陳述書とは、訴え提起後又は訴え提起に際して、当事者本人、準当事者又は第三者の供述を記載したもので、**書証**の形式で裁判所に提出されるものをいいます（西口元「陳述書をめぐる諸問題」判タ47巻29号36頁）。

　大昔、わが国の民事訴訟において、陳述書は一部の専門訴訟で人証予定者から提出されるケース（いわゆる「鑑定型陳述書」）などは見られたものの、今ほど一般的な書証ではありませんでした。これは従来、民事訴訟の審理において口頭主義の意義が重視されてきたことによります。

❷ 平成10年施行の改正民訴法（現行法）の影響

　ところが、民事訴訟実務の運用改善の動きが盛んとなった今から20年ほど前、尋問時間の短縮や事前の証拠開示に役立つことが評価されて、広く一般的に人証予定者の陳述書が利用されるようになりました。

これは、集中証拠調べの導入により、それまで別期日に行うのが通例であった主尋問と反対尋問を同日に行わなければならなくなり、かつそれを可能とする方策として事前の陳述書提出が要求されるようになったという当時の流れと深く関わっています。

　つまり、陳述書の一般的な活用が始まった頃には、主尋問のあと、同日にすぐさま行う反対尋問に予め備えさせるという点が重視されていたのです。

　このとき、「人証調べを形骸化する」等として陳述書の利用に強い反対の声をあげたのがほかならぬ弁護士（と一部の民訴法学者）であった点は、今の状況からするとやや意外に思えるかもしれません。

　ですが、主尋問と反対尋問を別の期日で行い、時間をかけて入念な反対尋問の準備を行うことが当たり前であった当時の運用の中で、多くの実務家や研究者が「拙速な尋問手続」への変容に危機感を抱き、それなりに真剣に警鐘を鳴らしていたということなのだと思います。

　また、人証予定者の陳述書を先に提出することで、いわば主尋問の手の内を尋問前に明かすことを強いられることへの違和感、拒否感も多分にあったのではないかとも思われるのです。

　ともあれ今日、陳述書は争点整理手続や集中証拠調べを採用した現行民事訴訟制度において、それらの理念を実現する上で極めて重要なファクターとなっています。

　以上の陳述書一般化の軌跡は、陳述書の機能や効果的な尋問を考える上でそれなりに重要ですので、頭の片隅に置いておいて損はありません。

02. 陳述書の機能

　陳述書の持つ主な機能として、一般に、①**主尋問補完機能**、②**証拠開示機能**、③**争点整理機能**があるとされます（裁判所書記官研修所『民事実務講義案Ⅰ（改訂版）』225頁）。

❶ 主尋問補完機能

　文字通り、陳述書の記載によって主尋問の一部を代替・補完する機能

第2章　陳述書　**65**

であり、集中証拠調べ導入以前の従来型陳述書で重視されてきた視点です。周辺事情は陳述書に委ねて主要な争点に絞って尋問することで主尋問の時間を短縮でき、反対尋問に多くの時間を振り分けられます。

また、もし主尋問に漏れがあったときも陳述書の記載である程度カバーすることができます。

❷ 証拠開示機能

相手方や裁判所の事案の理解を助け、十分な反対尋問・補充尋問の準備を可能とさせる機能です。特に、裁判所に対しては、自らの主張する事件のあらすじ（ストーリー）をより明確に提示するという重要な意味があります。

この機能は、先に書いたように集中証拠調べで同日に主尋問と反対尋問を行うという現在の証拠調べ手続の方式上、極めて高い重要性を有しています。

不意打ち防止は民事訴訟手続一般にあてはまる重要なルールですから、例えば、陳述書に書かれていない事項が主尋問や再主尋問で飛び出した場合、相手方から思わぬ異議を出されるおそれがあります（→5章）。

❸ 争点整理機能

陳述書の提出によって、双方の主張の一致、食い違い（特に間接事実レベルでのもの）を明らかにさせ、争点の絞り込みと特定を可能とさせる機能です。

以上①～③の各機能のうち、③は争点整理終了前に陳述書が提出されることが前提となりますが、ご存じのように陳述書が争点整理の資料として訴訟手続の早い段階から提出されるというケースは、多くはありません。

当事者としては、訴訟の早い段階では、事実主張の固定化や相手方に手の内を明かすことを避けたいという心理が働くため、早期の陳述書提出には慎重にならざるを得ません。この点が「争点整理の段階で集中証拠調べまで一貫した審理の流れを確立したい」という裁判官の思いと対立することになります（川添利賢「陳述書の軌跡とそのあるべき姿」判タ1286

号45頁)。

したがって、少なくとも**当事者目線で考えた場合**、陳述書の争点整理機能の重要性・意義は一段下がるものと言わざるを得ません。

なお、陳述書のその他の機能として、事前準備促進機能や調書作成補助機能等が挙げられることもありますが(坂本倫城「陳述書をめぐる諸問題」判タ954号4頁)、いずれも陳述書そのものの機能というよりも効果に近いと言えます。

当事者の代理人としては、①主尋問補完機能、②証拠開示機能を念頭に置き、あるべき陳述書の姿を考えるスタンスが適していると思われます。

陳述書に全く記載のない事項を法廷で語らせている場合、争点の認識、尋問準備、事件の見通しの少なくともどれか一つが誤っている。

CHAPTER.2

02 陳述書はこう書くべし

01. いつ出すべきか

陳述書は書証として扱われ時機遅れとならない限り基本的にその提出時期に縛りはありません。では、訴訟のいつの段階で提出するのがよいでしょうか。陳述書を提出するタイミングとしては、大きく分けると3つ考えられます。

❶ 訴訟初期段階～争点整理中

陳述書の争点整理機能を重視すると、**訴訟の早い段階で提出した方が望ましい**ということになりそうです。裁判所も、当事者の提示するストーリーを把握する資料として陳述書を重視しており、事案によっては早期の提出を求められることがあります。

そのため、このタイミングで提出する陳述書は、内容的に個々の争点や間接事実に関するというよりも、**事案の全体像が俯瞰できる内容の方が適している**ということになります。

ところが、当事者の立場からするとこれは難しいことが多いというのは既に述べたとおりです（→本章1）。

❷ 和解協議の直前

　2つ目のタイミングは、**裁判所が和解案を作成する直前**です。

　裁判所主導で和解協議を進める場合、示される**和解案の内容をどれだけ自らの主張や意向に引き寄せられるかが重要**です。

　そして、その方策の一つとして、和解案作成の前に提出する陳述書は一定の効果があるように感じられます（逆に、気に入らない和解案が示されたあとに陳述書で翻意を求めるやり方はあまり効果的ではありません）。

　依頼人も「言いたいことを言った上で和解案が示された」形となり、和解案を受け止めやすくなるという副次的な効果があります。このような効果は、陳述書の証拠開示機能の一側面と言うこともできるでしょうか（ちなみに、ここでいう「和解」は証拠調べ手続前のものを指しています）。

　和解が打ち切りとなった場合には早晩証拠調べ手続に入るわけですから、このタイミングで提出する陳述書は**尋問を見据えた内容であるべき**で、主尋問の補完という視点を持ちつつ、作成することになります。

❸ 証拠調べの直前

　第三のタイミングは、**人証採用後、証拠調べ手続の直前**で、もっぱら主尋問の時間短縮や反対尋問準備の資料とする目的で利用される場合であり、現在民事訴訟でもっともポピュラーな陳述書の利用形態です。

　概ね証拠調べ期日の1週間〜10日前を期限として、人証を申請した当事者が同時に提出する形で作成されます。

　陳述書の内容は争点整理の結果を踏まえ、**尋問の対象となる争点、事実関係を中心に、尋問予定者の陳述内容が記載されることが多く、ある程度範囲・対象を限定したものとなるのが普通**です。

　このタイプの陳述書は主尋問補完機能、証拠開示機能が重視されており、争点整理機能を果たすことは期待されていません。

第2章　陳述書　　69

❹ 事案により提出のタイミングを検討すべし

　証拠開示機能を重視すると、相手方の陳述書は、自分が十分に主張の吟味や反対尋問の準備ができるだけの余裕を持って出してもらいたいと考えるのが普通です。

　裁判所は裁判所で、できるだけ「本当のところ」（＝客観的真実に近いところ）で判断したい、早期に事案の全容と道筋をつかみたいという思いから、「主張や証拠の提出は早ければ早いほどよい」と考える傾向があります。

　ところが、いざ自分が陳述書を出す側となると、相手に手の内を明かすのはできるだけ遅らせたいと思うのは自然な思考です。実際にも、早期に事情をつまびらかにしたことで、かえって相手に言い逃れのチャンスを与えてしまったというケースを経験することがあります。

　陳述書は当事者の認識する事実を記載する証拠ですが、実際の訴訟では相手方の言い分を聞いて記憶を喚起し直し、証拠を吟味して作成するという側面を持っています（川添利賢「陳述書の軌跡とそのあるべき姿」判タ1286 号 45 頁）。

　書証として扱われる陳述書は主張書面よりも記載内容の訂正が難しく、陳述者の思い違いや曖昧な表現のまま不用意な内容で提出すると後々抜き差しならない状況に追い込まれてしまうおそれがあります。

　そのため、早期に事案の全体像やストーリーを裁判所に呈示しておくという特別な事情がある場合を除き、代理人としては、**争点整理が終わり、尋問を行う段になってから陳述書を提出する方が訴訟戦略として適切**であることが多いでしょう。

　ただし、同一人の陳述書は必ず 1 通でなければならないというルールは無いわけですから、事案のストーリーに関する陳述書を早い段階で提出している事案でも、証拠調べ手続の段階でより詳細な陳述書を提出するということは考えられます。

　なお、稀に、証拠調べ後（多くは審理終結直前）に、尋問を終えた者の陳述書が追加的に提出されることがあります。強烈な「あと出し」感

が漂う上、尋問の失敗（準備も含め）を自認するに等しいもので、あまり格好のよいものではありません。

　タイミング的に相手方の反対尋問、反証の機会がほとんど無いことから、このような陳述書の提出は、**尋問で現れた形式的事項、客観的事実で裏付けられる事項、特に裁判所から指摘を受けた事項に関する内容のものに限られるべき**でしょう（尋問の失敗をリカバリーしようとする内容のものは、証拠価値自体が極めて乏しくなります）。

02. どこまで書くべきか

❶ ひととおりの事実を書こう

　「陳述書にはどこまで書くべきか」「陳述書の記載と尋問の使い分けはどのように考えたらよいか」というのは、まだ仕事のスタイルが固まっていない若手実務家が必ずと言っていいほど直面する普遍的な問題です。ここは実務家によってもいろいろな意見やスタンスがあり、唯一無二の正解はありませんが、陳述書の書き方にあれこれと思い悩むよりは、主張と証拠の精査に時間を使った方が建設的というものです。

　そこで、本書としては、「陳述書には**ひととおりの事実**を書き、尋問では陳述書の記載内容のうち**特に重要な部分を若干掘り下げて質問する**」という方法を強く推したいところです（これは、実務の多数説でもあります）。

　主尋問補完機能を重視すれば、陳述書には主尋問で質問を割愛するような前提事実、周辺事実のみを書き、尋問の場では「陳述書に書いていない事項」を中心に訊いていくというやり方も考えられそうです。

　これをやると、相手方は、尋問の場で初めて示される核心的事実に対し、その場での切り返しを強いられるため、一見、自分の側に有利に尋問を進められるようにも思われます。より口頭主義（民訴203）に適った方法かもしれません。

　ところが、この方法では主尋問で聞き漏らしが生じた場合の「保険」の役割を陳述書に求めることができないという問題があります（その関

係者の供述以外に裏付け証拠がないというケースでは、これは無視できないリスクです）。

　また、尋問の場で初めて出てくる事情というのは、（陳述書でも隠そうとするくらいですから）主張書面を含め、それまでの訴訟手続の中でも示談交渉の中でも相手方に対して現れたことのない事情のはずです。

　そのような事情が主尋問で初めて出てくるというのは、どうしても「取って付けた」的な唐突さが拭えません。

　当事者が体験した印象的・核心的な体験やエピソードは当事者同士のやりとりや主張の応酬の中で自ずから浮かび上がってくるのが普通です（少なくとも多くの裁判官はそう考えているようです）。その事情が相手方にとって不利・致命的なものであればあるほど、尋問で初めて登場した場合に不自然さが際立ち、「あとから考えた理屈ではないか」との疑念を生むのです。これは、あなたが呈示するストーリーの信用性にまで影響します。

　事実、それまでの主張や陳述書で現れていなかった事情が主尋問で飛び出したときに、その供述の信用性を否定する判断を示した判決は少なくありません。そう考えると、陳述書に記載する内容を抑えて相手方が反対尋問のために準備できる資料を限定するという考え方は、リスクが多い反面、それに見合うだけのメリットはなさそうです。

　そこで、**陳述書には「ひととおりの事実」を書くべき**なのです。

❷ もちろん「法律家にとって」のひととおりを

　といっても、ここでいう「ひととおりの事実」は、当事者や証人が述べる全ての事実という意味ではなく、「立証上必要ならば主尋問で訊く事項も訊かない事項も」という意味です。あくまでも争点整理の結果を踏まえた範囲に限られなければなりません。

　例えば交通事故の事案で事故態様や損害が争点となっているときに、陳述書に「事故現場までの経路」について長々と書く意味はありませんし、賃料不払い解除の事案で依頼者が賃貸不動産を相続で取得した際の四方山話を載せる必要もありません。むしろ書くべきではないのです。

ただし、こういった立証上重要な事項とそうでない事柄との選別は当事者や証人本人には難しく、代理人が適切に取捨選択する作業が必要です。

　すなわち、尋問を見据えた陳述書に限って言えば、**当事者・証人が書いた文章をそのまま提出するということはあってはなりません**。そして、**尋問では**、そのような陳述書に書いてある「ひととおりの事実」のうち、立証上**特に重要と思われる部分について、「若干掘り下げて」訊いて**いくことになります。この点は、後述の主尋問の項で詳しく書きます。

03. どのように書くべきか

❶ 時系列に沿って事実が記載されていること

　自らの主張する事件のあらすじ（ストーリー）をより明確に呈示するという陳述書の目的を考えると、その内容は読み手にとって読みやすくわかりやすいものでなければなりません。

　そして、事件に現れる出来事には一連の流れ、原因と結果の連なりがありますから、普通読み手もその時間の流れに従った一連の事実を順に認識し、追体験することで事実関係を理解しようとします。

　そのような読み手が読み進める際の無用な思考の作業負担を減らすためには、**陳述書で現れる事実関係は、原則として、時系列に沿って順を追って並べられていなければなりません**。

　ところが、当事者や事件関係者は、時間の先後関係ではなく自分が得た知識や体験した事実のうち、特に強調したい（と自分が考える）部分を中心に説明を広げていく傾向が強く、時系列に沿った合理的な流れで物事を説明するのに慣れていません（これは法律相談や依頼者からの事情聴取でも体験するところです）。

　そのため、陳述書を作成する際には、**代理人の側で陳述者から時間の流れに沿って事実を聞き出し、並べていく作業**が必要になります。

　なお、「原則として」と書いたように、当然例外もあります。

　過去の離れた時点の一つの事実なりエピソードが布石になってのちの

第2章　陳述書　　73

事実関係に影響を及ぼしたような場合などは、時系列に忠実に沿って書こうとするとかえって紛争の理解が困難になるというケースがあります。

例えば、相続の事案で当事者間に争いのない20年前の100万円の贈与（特別受益）の事実に言及する場合、陳述書を20年前の事実記載からスタートさせるよりも相続発生後の流れの中で触れた方が自然です。

要は**読み手にとって**どのような書き方がもっとも読みやすくわかりやすいかという視点を持つことです。

❷ 陳述者の体験と伝聞のことがら・推測とが明確に区別されて書かれていること

陳述書では、陳述者（供述者）自身が認識・体験した事実と伝聞により認識した事項・陳述者の推測とは明確に区別して記載される必要があります。

人から聞いたことをさも自分の体験した事実であるかのように述べ、単なる自分の推測を断定的に話す当事者や関係者は多いので、それを聴き取る代理人の側ではつい忘れがちなところです。

民事訴訟では刑事手続と異なり伝聞証拠であっても証拠能力が制限されるということはありません。ですが、伝聞の情報と陳述者（供述者）が直接体験した事実とでは、その信用性は大きく異なります。

裁判所が陳述書の記載や尋問での回答で陳述者（供述者）の体験した事実と伝聞や推測とを区別して述べるよう特に注意をするのもこのためです。

陳述書を作成・提出する側としては、「できるだけ陳述者の述べる内容が確実で、客観的真実に近いと印象づけられるように記載したい」という誘因が働くわけですが、それが反対尋問で露呈した場合のダメージは相応のものになります。思わぬ落とし穴を自分の足下に作らないためにも、事実関係の聴取の際には、**体験事実と伝聞・推測のいずれであるかを確認しながら**聴き取っていく必要があります。

また、陳述者が体験した事実であっても、出来事が起こった当時認識

していた事実と人に聞かされるなどして事後に知った事実は区別しなければなりません。

❸ 5W1H が明確に記載されていること

時系列に沿って、かつ体験事実と伝聞を区別する前提として、陳述書の記載ではいつ（when）、どこで（where）、誰が（who）、何を（what）、なぜ（why）どのように（how）という点が必要に応じてきちんと記載されている必要があります。

誰の言動を記したものなのか、また、いつの時点の認識に言及しているのかがわからない記載は、読み手をしてストーリーの理解を困難にさせるだけです。この点も陳述書と尋問の両方にあてはまる事項です。

❹ 当然触れられるべき事項が触れられていること

陳述書は、自分の呈示する事件のあらすじ（ストーリー）が相手方の主張するものよりも自然で合理的であることを、読み手に強く印象づけられるものでなければなりません。そのため、陳述書には、**当然触れられるべき事項が触れられている**必要があります。

例えば、契約書調印の前に代金授受が行われたというストーリーであれば、そのようなイレギュラーな前後関係となった理由・経緯の記載は不可欠ですし、親族でない者から多額の金銭の贈与を受けたとするのであれば、その合理的・説得的な理由の説明が欠かせません。また、事故での受傷から通院開始まで1ヶ月近くの期間があいている場合には、なぜ事故直後から通院していないのかという点について、何らかの説明が必要でしょう。

これらの事実経過を矛盾なく把握・理解するために必要な事項が記載されていないと、そのこと自体があなたの呈示するストーリー全体の不自然さ、不合理さを強く印象づける結果となってしまいます。

❺ 他の客観的事実や証拠、自らの主張と整合性がとれたものであること

陳述書の記載は、少なくともそれまでに事件で現れている客観的事実や客観的証拠、自らの提出している主張書面の記載と整合性のとれたも

第2章 陳述書　75

の（少なくとも大きく矛盾しないもの）でなければなりません。

　人は、知覚した事実を、記憶し、それを表現・叙述しますが、この３つの過程それぞれで誤りが混入するおそれがあります。

　そのような見間違い（聞き間違い）、記憶違い、言い間違い（書き間違い）といったリスクについては、我々が日常生活を送る中でもよく経験するところでしょう。

　そのために人証調べでは反対尋問によるテストが行われるわけですが、このような知覚、記憶、表現、叙述の誤りによるリスクは、陳述書作成過程でも生じるのです。

　それらの陳述者の誤りをそのまま文字にした陳述書を提出することは相手に無用の攻撃の機会を与える結果となり、陳述書の提出意義自体も失われてしまいます。

　また、陳述書作成を含む主尋問の準備には**想定される反対尋問に対する防御活動という側面**がありますから、当然、反対尋問で突かれそうな部分は陳述者に確認しておかねばなりません。

　例えば、陳述者の説明する症状経過が診断書や診療録の内容と矛盾している場合、それをそのまま陳述書に記載するのは相当とは言えません。特に、医師の作成した診断書、診療録という中立性・客観性の高い資料が存することからすれば、陳述者の説明に認識の間違いや記憶違いが生じたおそれの方が高くなります。

　この場合は、診断書、診療録等の資料を陳述者に見せて記憶喚起を図り、それらの記載と陳述者の記憶のいずれがより正確なものであるかを確認するべきでしょう。その結果、陳述者の記憶の方が正しそうだと言える場合には、診断書等の記載が陳述者の記憶と異なる点について何らかの説明が必要になります。

　また、交通事故事案で、実況見分調書に記載された事故状況が陳述者の述べる事故態様と異なっている場合も同様です。この場合も、実況見分調書の記載が正しく陳述者に記憶違いがあったというケースもあれば、実況見分調書の記載の方が事実に反するというケース（例えば、陳

述者が救急搬送され実況見分に立ち会っていなかったために不正確な内容で作成されてしまったなど）も考えられるでしょう。

いずれにせよ、陳述書作成の上で重要なことは、**他の客観的事実や証拠、自身のこれまでの主張との矛盾・齟齬がないかに気を配り、そのような点がある場合には決してそのまま放置しない**、ということです。

逆に言えば、出された陳述書を見る相手方としては、そのような矛盾、齟齬がないかを確認し、反対尋問の糸口を探すことになります（→4章2）。

かつて、集中証拠調べや陳述書の活用が民事訴訟手続に取り入れられる以前、証人や当事者は法廷において質問されたことがらに自分の記憶のままに答えるのが正しいあり方であるとされ、事前の尋問準備や陳述書の作成（そのための事実確認作業を含む）は「人証の汚染を招く」とまで言われた時代がありました。

時代は変わり、主尋問と反対尋問の同日実施が当たり前となり、陳述書が民事訴訟の重要なファクターとして取り入れられたことによって、現在では上記のような意見は聞かれなくなりました。また、主尋問の成否が裁判所の心証や訴訟の趨勢に大きく影響することを考えると、**陳述書作成段階から上記のような反対尋問を想定した準備を心がける**ことは不可欠です。

■ 04. 書くときに何に気をつけるべきか

❶「そのまま出す」ことはしない

これまで見たように、陳述書は陳述者（証人・当事者）の記憶そのままを語らせ、それをそのまま文字に落とし込むものではありません。

ですので、依頼者や証人自身に作成させた書面をそのまま陳述書として証拠提出することが相当でない場合がほとんどです。

また、読み手の読みやすさを考えると、**手書きの陳述書は適切ではありません**。そもそも陳述書自体、訴え提起以後に一方当事者の書証として作成されるものなので、わざわざ手書きという読みにくい形で作成し

第2章 陳述書　77

なければならない理由も意味もありません。

　そのため、陳述書を作成する場合、代理人が陳述者の説明内容を適宜整理、取捨選択して作成することが望ましいのです（証人の場合は必ずしも陳述書が作成できる場合ばかりではありませんが）。

　具体的な作成手順を大きく分けると、陳述者自身が作成したドラフトに代理人が手を加えて完成させる場合、代理人が骨子を作りそれに陳述者が適宜内容を補充して完成させる場合の２パターンがあります。

　どちらの方法が適しているかはケースバイケースですが、出来事の数が多く時間の先後関係も複雑であるという場合、その時々の陳述者の認識等の主観面が中心となる場合には、陳述者自身にドラフトを作成してもらう方法が適しているでしょう。その方が、主尋問準備もし易くなります。

　他方、陳述書の内容と整合する資料がそれなりにそろっている場合や、それまでの事件処理の中である程度の事実聴取が済んでいる場合には、代理人が骨子を作ることで、尋問事項、立証事項を中心に据えた形で必要十分な内容のものを作成することができるでしょう。

❷ 不当な編集もしない

　代理人の関与の仕方には注意が必要です。

　例えば、被害者本人が「具体的に８月の何日だったかは忘れたけれど、県立病院を受診しました」と述べており、既に証拠として出ている診断書の記載上、８月の通院日が14日のみであったとします。この場合に、陳述者に診断書を示して確認したところ「８月の通院日は14日で間違いないと思います」と述べたのであれば、「８月14日に県立病院を受診しました」と陳述書に記載することは問題ありません。

　客観的に争いのない事実関係に関し、記憶喚起のために書証を示して陳述書の内容を精緻なものとすることは許されると考えられます。

　ところが、事故時の対面信号表示について「信号は確認していなかったのでよくわからない」と述べる陳述者に対してはどうでしょうか。

　実況見分調書の記載や目撃証言を示し、「青色だったのではありませ

んか？」「青色であった可能性は考えられませんか？」と訊いたところ、仮に「そうだったかもしれません」という返事が得られたとしても陳述書に事故当時の認識として「青色だったと思います」「青色でした」と記載をすることは不当な関与として許されません。事故時の陳述者の認識は、依然として「信号は確認していなかったのでよくわからない」であり、それが覆される合理的、客観的な根拠がないからです。

　事故後に作成された実況見分調書の記載や目撃証言から、陳述者自身が「青色信号だったように思う」と考えるに至ったというのであれば、「事故当時、信号は確認していなかったので記憶はありませんが、実況見分調書の記載やあとから聞いた目撃者のお話から、私の方が青色であったことは間違いないと思います」と記載するべきでしょう。

　重要な事実について、**陳述書作成段階で作為を加えれば加えるほど、他の客観的証拠や事件以後の事実経過との齟齬が生まれるリスクも高まる**という点も知っておく必要があります。

　なお、明確な記載をしてしまうと無用の争点を生んでしまうであろう事項、事件の趨勢に大きな影響はないものの不利な誘導となるおそれがあるような事項については、陳述書の記載上、あえて言及を控えたり、ある程度ぼかして書いたりせざるを得ない場合があります。

　これは当事者の態度として一定程度やむを得ないところもありますが、その部分が反対尋問で突かれることは想定しておく必要があります。

他の事実や証拠との擦り合わせを全くしていない陳述書は、「語るに落ちる」的な内容となっていることが少なくない。

第2章　陳述書　79

COLUMN

2

「そんなこと陳述書に書いてないじゃないか！」

　弁護士になってすぐの頃、民事部裁判官と弁護士の懇談会の席で、ある弁護士から「主尋問をしていたら、初老の相手方代理人から『そんなこと陳述書にちっとも書いてないじゃないか！』というクレームを出されて慌てた」という発言がありました。

　このときは、主尋問に対して相手方代理人から全く不当な介入がなされたといった論調の問題提起でした。

　その頃の私は、陳述書は主尋問の時間短縮のために作成するものであり、「コアな部分は陳述書に書かずに尋問の中で訊くべきだ」と思い込んでいたので、おかしな代理人もいるものだなぁと思った程度でした。代理人の戦略を意に介さず、ひたすら「事実関係や主張はできる限り早期に明らかにしてもらいたい」と求めてくる裁判所への反発心もあったように思います。

　ところが、陳述書作成や尋問の経験が増えてくると、「少なくとも、尋問直前に出す陳述書にはひととおりの事実を書いておくべきだ」と考えるようになりました（→2章2）。これは、陳述書の証拠開示機能（→2章1）や主尋問での訊き漏らしに備えるというだけでなく、**尋問の場でいきなり出てきた事実はそれだけで嘘臭く聞こえ、尋問も陳述書も信用性が損なわれる**という点が大きな理由です。

　今となっては、「そんなこと陳述書にちっとも書いてないじゃないか！」と言った初老の相手方代理人の気持ちがよくわかるのです。

　ときおり、陳述書どころか尋問事項にも全く挙げられていないことを長々と主尋問で質問しだし、裁判所から「その点はよろしいのでは？」と指摘が入るカッコ悪い代理人も見かけますが、陳述書の趣旨や供述の受け止められ方については気をつけたいところですね。

　なお、こういった場面で相手方から出るクレームの扱いについては、少しだけ第5章で私見を述べています（→5章5）。

第3章

主尋問

CHAPTER.3

01 主尋問の目的と到達点

01. 目的と到達点を見定めよ

　尋問は普通、主尋問から始まります。

　尋問を申請し、それが採用されたということは、あなたも裁判所もその証人等に語らせることが立証上必要だと判断したからにほかなりません。

　ですが、慣れないうちは「主尋問が採用されたけれども、何を訊いたらいいのかがわからない」ということが起こります。

　これは、主尋問を何のためにするのか（目的）、どの程度まで到達すべきか（到達すべき点）が意識されていないために起こる問題です。

02. 立証すべき事項を訊くために

　まず主尋問って何だろうという話ですが、これは**「尋問の申出をした**

当事者の尋問」をいいます（規則113Ⅰ①）。これに対し、その「相手方の尋問」を反対尋問といいます（同②）。つまり、どちらが申請したかが重要であって、その人証が自分にとって有利か不利かは主尋問、反対尋問の区別には直接影響しないわけです。さらにいえば、主尋問、反対尋問という区別は、いわゆる事実上の主張の立証責任とも直接の関係はありません。

　尋問の申出（証人につき規則106、当事者につき民訴207Ⅰ）も証拠調べの請求ですから立証上必要があってなされるべきものです。

　そして、主尋問では「立証すべき事項及びこれに関連する事項」について行うものとされ（規則114Ⅰ①）、これに含まれない事項については制限される場合があります（規則114Ⅱ）。

　したがって、「主尋問で何を訊くか」という問いの答えを見つけるには、**「その証人等の供述によって、自分が立証しようとする事項のどの部分をカバーしなければならないのか」**を正しく理解する必要があります。

　交通事故事案で、被告（加害者）の大幅な速度超過や事故後救護義務を尽くさず現場から立ち去ったことを立証するために、原告（被害者）が事故の一部始終を目撃した者を証人として尋問することがあります。この場合、原告は目撃した事故前後の状況を訊く必要があります。

　また、保証債務履行請求事件で、被告が保証の合意の事実を否認する場合、原告は金融機関担当者の尋問を申請し、被告の保証意思確認の具体的事実経過や保証契約書への署名・押印の具体的状況などを訊いて保証の合意の成立を立証していくことになるでしょう。

　以上は本証の場合を想定していますが、人証の申出は、立証責任を負わない当事者の反証として行われる場合もあります。この場合、相手方の立証（本証）を阻み、その証明しようとする事実を真偽不明に持ち込むための立証活動が必要になります。

　例えば、貸金返還請求訴訟の被告が原告主張の請求原因事実のうち金銭の授受は認めるけれども返還約束の事実は争うという場合、そのような合意は存在しなかったとして反証していくことになります。この場合、

被告は金銭授受が贈与であった、あるいは他の債務の弁済として行われたものであったというように、返還約束の合意を否定する事実の立証を行うことになるでしょう。

いずれの場合でも、（立証責任を負うか否かにかかわらず）**人証を請求した当事者がその人証を取り調べることにより証明しようとする具体的事実**のことを**「立証すべき事項」**（規則114Ⅰ①）、ないし**証明すべき事実（要証事実）**と呼びます（ここでは、種々の証拠方法一般によって証明しようとする事項ではなく、当該人証によって証明しようとする具体的な事項だけを指していることに注意です）。

そして、主尋問で訊くべき内容もこの意味での「立証すべき事項」であり、これは、争点整理で絞り込まれたその事件の争点や重要な証拠と密接に関連しています。逆に言うと、これら**争点や重要な証拠と関係ない事項は訊く必要も意味もありません。**

以上は当たり前の話なのですが、「立証すべき事項を訊け」というだけでは、主尋問の内容を定める基準・指針として少し漠然としすぎています（何より循環論法のきらいがあります）。そこで、主尋問の質問内容の組み立て方については、あとで詳しく触れます（→本章3〜5）。

■ 03.「成功」に到達すべく精進せよ

主尋問は、ともすれば**「成功して当たり前」という風潮**があります。

尋問による立証の成否は主尋問、反対尋問（場合により再主尋問や補充尋問も）を経た上で判断されるものですが、そもそも主尋問で立証すべき事項を十分に引き出せないというのでは話になりません。

また、主尋問に回るということは、通常は証人等と事前に十分な打ち合わせをして陳述書も提出し、尋問テストも行う機会があったはずです（というよりも、そのような事前準備が可能な者を申請することが多いはずです）。

ごく単純に考えると、証人等の選択や語らせるべき事項の選別が間違っていない限り、主尋問の失敗という事態は起こりにくいようにも思

われます。そういった意味で、「主尋問は成功して当たり前」というのは、タテマエ論としてはそれほど間違った見方ではないのです。

　逆に言うと、主尋問の失敗はすなわち立証の失敗であり、主尋問で大きく崩れた事件においては、当然、裁判所の判断もかなり厳しいものとなります。仕方ありません。

　主尋問を失敗する原因はいくつかあり、証人の選定や尋問内容に問題があることもあれば、元々の事件のスジというように代理人の力ではいかんともしがたい要素に起因する場合もあります（中には訴訟提起自体が誤りだったというケースもあるでしょう）。ですが、**大半は尋問の準備不足**によるものです。

　「主尋問は成功して当たり前」という言葉は、「主尋問は普通成功する」という意味ではないのです。

主尋問は要求される完成度のレベルが高く、かつ減点法で評価されるシビアな手続であって、反対尋問より楽というわけではない。

CHAPTER.3

02 主尋問の申請～採否までの注意点

01. 主尋問準備の重要性

　主尋問、反対尋問を問わず、**「尋問は準備が全て」**です。

　ですが、両者で決定的に異なるのは、主尋問では、原則として**事前に証人等の尋問対象者と打ち合わせをして、準備ができる**ということです。

　これができるのですから、しない手はありません。

　尋問の成果を最大化するため、手間と努力を惜しまず、証人等と面談を行い、訴訟の争点やあなたが証明しようとしている事項を説明し、また、証人等の供述の内容を確認して質問すべき事項を推敲していきます。

　とはいえ、あなたの側が申請した証人であっても、遠方に住んでいるとか、中立的な立場にある、あるいは協力的でないといった理由で、尋問前の面談ができないということもあるかもしれません。

　こういったケースではそもそも、そのような証人の尋問を申請することが適切なのかどうかを慎重に考えなければなりません。自分の立証に

有利な証言が出てくるものと見込んで申請したところ、主尋問で思ったような結果が得られなかったという事態は極力避けたいものです。

　なお、事前面談等の接触ができない証人についても申請せざるを得ない（あるいは申請すべき）場合には、反対尋問の準備の場合と同様（→4章2）、現れている種々の事実関係や証拠からその証人が法廷で語る内容を想定し、それをもとに尋問事項を組み立てていくしかありません。

02. そもそも誰を申請するか

　尋問を申請する場合、申請する側が証人等を指定しなければなりません（規則106）。鑑定人と異なり、誰を証人とするかを裁判所に丸投げするわけにはいかないのです。

　そこで、争点整理の結果、その存否が問題となっている事実（主要事実のほか、重要な間接事実や補助事実など）を立証できる人材を申請すべき、ということになりますが、通常、その人選自体はさほど困難はないはずです。

　金銭の返還約束の有無が問題となるのであれば原告被告の合意に立ち会った人など、それを直接あるいは間接に裏付ける供述をしてくれる者を証人として呼ぶことになるでしょうし、そのような者がいないのであれば、原告自身の本人尋問を申請することになるでしょう。

　機械式駐車場の誤作動による事故で機械の構造や点検の不備が問題となるのであれば、現場で事故を体験した人のほか、設計・修理を行ったメーカーの技術者、保守管理会社の担当者が証人として適しているでしょう。

　要するに**その問題となる事実を認識、体験した人を探せばいいの**ですが、実際には、むしろそれらの者から得た情報をもとに訴訟に至っているという場合の方が多いかもしれません。

　なお、一般的には、激高しやすい人、気の小さい人、多弁で自信過剰な人、暗示にかかりやすい人、他人の意見に追従しやすい人などは、証人とするには不適であるといったことが言われます。

第3章 主尋問　87

もちろん、一般論としてはその通りなのでしょうが、実際の事案ではそうそう何人も証人候補者が存在するわけではありません。証人の証言自体、本来、代替性がないため、**証人とすべき人のキャラクターを選り好みできる場合などほとんどない**のです（同じ事実をともに経験している兄弟のうち兄と弟どちらの尋問を申請するのが適しているか、というレベルでは問題になる余地がありますが）。

　そんなわけで、「すぐにいきり立ち、多弁で人の話を聴かない」というやや不適な人物を証人として申請しなければならない場合もあるというわけです。

　結局のところ、その申請せざるを得なかった**証人等それぞれの性格や記憶の程度に応じて、主尋問のスタイルを柔軟に使い分ける**しかなさそうです。

03. 尋問時間は何分とするか

　証人等の尋問を申請する際は、**尋問に要する見込みの時間を明らかに**しなければならないとされています（規則106）。

　このため証拠の申出書で主尋問の予定時間を書くことになりますが、慣れないうちは、どのくらいの時間を取っておけばよいのか判断が難しいかもしれません。

　同じ事項を訊くのでも、相手が若いか年を取っているか、頼りないか利発か、といった事情で、尋問にかかる時間は変わってきそうです。最初のうちは、相談や打合わせ時に証人等とのやりとりにどのくらいの時間がかかるか、また会話をどのくらい理解しているかなどをもとに、「20分」「40分」というように、**自分の尋問時間がオーバーしない程度にある程度おおざっぱに決めざるを得ない**でしょう。

　なお、具体的な根拠があるのかないのかわかりませんが、裁判実務では、この尋問時間の設定は「5分」や「15分」「80分」といったように5分刻みで表されます（これは期日指定の実務的な運用に倣ったものかもしれません）。

また、尋問時間については裁判官それぞれに、「この程度のことをこの人数に訊くのであれば大体このくらいの時間で足りるだろう」といった相場的な感覚があります。

　普通、「単純な事故の発生状況」だけを訊くのに50分も100分も費やす必要があるとは思えませんし、そんなに長時間訊きたいというのであれば、あなたの尋問の組み立て方のどこかにいびつなものがあると考えた方がよいでしょう。

　また、この所要時間に関するやりとりで、**裁判所の心証やその人証の証拠価値の捉え方がうっすら透けて見える**ことがあります。あなたが述べた主尋問予定時間に「そんなに必要ですか？」という言葉が裁判官からあったとき、いろいろと気になるものです。

　その人証の証拠価値について、裁判所はあなたよりも低く見ているということかもしれませんし、逆に他の証拠から既にある程度証明されていますよということなのかもしれません。

　相手方から証人等の申請があったとき、反対尋問の時間をどの程度申請したらよいかという点は、反対尋問の項（→4章2-2）で触れます。

■ 04. 尋問事項書の作り方

　証人尋問等の申出を行う場合、同時に**尋問事項書**を作成・提出しなければならず、その内容は**できる限り個別的かつ具体的に**記載する必要があるとされています（規則107Ⅰ・Ⅱ）。

　尋問事項書の内容は、裁判所にとってはその証人等の採否を決定する資料となりますし、相手方には主尋問の内容の予測と防御の準備の資料となります。

　自らが申請する証人でも呼出状の送達がなされる場合には、この尋問事項書が併せて送達されます（規則108）。呼出状が送達される証人というのは、申請する側であっても尋問前の面談による準備ができないことが多いでしょう。この場合、尋問事項書の内容は、証人に尋問で質問される内容を理解させ、訊かれる内容について予め記憶喚起を促すという

機能 (ないし効果) を有することになります。

　尋問事項書のこのような機能・位置づけを考えると、その内容は、できるだけ詳細で、実際の尋問での質問の流れに即したものであった方がよいはずです。

　もっとも、実際には、証人尋問等申請時の尋問事項書は、例えば、

1　証人の職業、経歴

2　証人と原告本人との関係

3　本件事故前の原告の就労状況、生活状況

4　本件事故後の原告の就労状況、生活状況の変化

5　その他、本件に関連する一切の事実

といった質問の大まかな方向性を示す事項を簡潔に記載するに止め、具体的な質問事項を逐一記載することはほとんど行われていません。

　これには、尋問申請の段階では相手方に詳細な尋問の流れをつまびらかにしたくないという当事者の心理のほか、未だ具体的な個々の質問事項を記載するほど準備が整っていないという事情も影響しているように思います (多くの場合、陳述書は、人証の採用のあと、尋問期日の一定期間前を締め切りとして作成・提出するという扱いとなります。(→ 2章 2 - 1)。

　相手方としても、この尋問申請時の尋問事項書の内容だけから尋問準備を行うわけではないので、尋問事項書の内容は、**裁判所が人証の採否を判断でき、また呼出しの証人が主尋問での質問に備えられる程度**の記載をしていれば足りると考えてよいと思います。

　通例、上記のように尋問事項の末尾には「その他、本件に関連する一切の事実」として、包括的な項目を置いておくのが半ば様式化しています。このため、よほど事案との関連が乏しく唐突な質問でないかぎり、「尋問事項書の内容と異なるではないか」というクレームが入ることはないはずです。

　とはいえ、尋問事項書の内容は、その人証により証明しようとする事項と関連して、尋問で問題とされる事項の範囲を画する機能があるわけ

90

ですから、テキトーに書いて出すということはあってはなりません。また、尋問の際にも、質問が申請時の尋問事項書の内容と大きく異なる範囲に及んだ場合、相手方や裁判所から異議が出されるおそれがありますから、安易な記載は禁物です。

05.「呼出」と「同行」の使い分け

　採用された証人に対して、裁判所から呼出状が送達されます（民訴94Ⅰ）。もっとも実務では、当事者が証人等を同行させる（呼出状は不要である）旨を述べた場合には、呼出状の送達がなされないという運用がされています。

　そのため、人証申請の際には、証明すべき事実の特定（民訴180Ⅰ）や証人の指定（住所・氏名の特定。規則106）、尋問に要する時間の見込み（同）、尋問事項（規則107）のほか、条文上の根拠はありませんが、**「呼出状の要否」**を記載するのが通例です（「要」「不要（同行）」等と記載します）。

06. 尋問の順序はどう考えるべきか

❶ 主尋問と反対尋問の順序

　証人の尋問は、その尋問の申出をした当事者から行い（主尋問）、それが終わると他の当事者（反対尋問）、その後、裁判長（補充尋問）の順序で行われるのが原則です（民訴202Ⅰ）。

　これは、通常、その証人を申請した者がその供述によって何らかの事項を立証しようとする立場に立つことから、まず主尋問を先行させ、それに対して反対尋問で相手方当事者から反駁の機会を与えることが合理的であると考えられるからです。

　もっとも、この順番は不変のものではなく、**裁判長は、適当と認めるときは、当事者の意見を聞いて、この順番を変更することができます**（民訴202Ⅱ）。あまりポピュラーなケースではありませんが、例えば、証人尋問の申請をした当事者が本人訴訟である場合など、主尋問を先行させたのでは尋問が適切に行われないと考えられるケースでは、この尋問

第3章 主尋問　91

の順序変更の余地があろうかと思われます。

　細かい知識ですが、主尋問とは「その人証に対して最初に行われる尋問」ではなく、あくまでも**「その尋問の申出をした当事者による尋問」**をいいます。ですから、裁判長が当事者の意見を聞いた結果、尋問の順序を変更し、人証申請をした当事者ではなくその相手方から先に尋問をさせる場合であっても、それは主尋問ではなく、反対尋問です。

❷ 証人尋問と当事者尋問の先後

　以上は、一人の人証に対して、申請した側とその相手方、裁判所がどのような順序で質問するかという場面の話ですが、複数の人証が採用された場合、それらをいかなる順番で訊いていくかということも問題となります（むしろこちらの方が実務的な重要性は高いと言えます）。

　原則論から言えば、**証人尋問と当事者尋問を行う場合には、まず証人尋問を先行させる**ことになります（民訴207Ⅱ）。（一応）客観的立場にあるとされる証人の供述を聞いてから当事者尋問に進む方が、争点や尋問のポイントを絞りやすく、無駄のない審理ができるからかもしれません。

　ただし、これも絶対的なものではなく**裁判所は、当事者の意見を聞いて、審理の上で適当と認めるときは、当事者本人の尋問を先行実施することができます**（民訴207Ⅱ）。

　では、双方の当事者の本人尋問や、双方がそれぞれ申請した複数の証人尋問が行われる場合、その順序はどう考えるべきでしょうか。

　この点は民訴法にも規則にも明記はされていないのですが、一般的には、原告側証人、被告側証人、原告本人、被告本人というように「原告→被告」という流れがとられることが多いように思われます。これも、請求原因事実の主張・立証責任を原告が負っていることから、まず原告側の尋問を先行させてその立証を促し、次いで被告側にこれに対する反論・反証を行わせるという形が合理的だからでしょうか（文句を言われてもいないのに言い返せというのは難しいですから）。

　ただ、これも事案によりけりで、必ずしも原告側の尋問を先行させるのがよい場合ばかりとは言えません。

例えば、原告が債務不存在確認請求訴訟を提起したが被告がこれを争っているケースであれば、債務の存在については被告が立証責任を負うことになるため、先に被告側に「債務があること」についての尋問を認め、そのあとに原告に適宜反論させるやり方のほうが合理的と言えます。

また、事案によっては「原告側証人→被告側証人→原告本人→被告本人」という形よりも、まず原告側証人と原告本人を先に訊いてしまった方が、事案の実相を把握する上で適していることも当然あるでしょう。

このように、尋問の順序（同一人に対する質問の順番も含む）は立証事項や事案の内容その他の事情によって柔軟に検討することが予定されていると言えます。

❸ 尋問の先後をめぐる攻防

ときに、事実主張がシビアに対立し、激しく争われている事案では、この尋問の順序をどうするかについて、尋問申請（採用）段階で一悶着起きることがあります。

例えば、原告と被告とで主張する事実が全く食い違い、真っ向から対立している場合、（客観的に見れば「どちらかがウソをついているのだろう」と思えてしまうのですが）双方とも、相手方の尋問を先行させ、自分の側はあとからそれを前提に反論を加えるという順番を希望することが多くなります。事実、このようなケースでの尋問の順番は（供述の理解や評価に大きく影響することは多くはないものの）、あとに行う方が尋問事項を組み立てやすいということも多いのです。

逆に、先に自分の側の尋問を先行させることで、裁判所に自らが主張する事実関係を強く印象づけたいと考える場面もあります。

裁判官はプロとして耳に入れる順序を問わず事実を正しく見極める眼力を持っているというのがタテマエですが、中には**そうでない人もごく稀にいるかもしれません**。また、どちらも大きく崩れそうにないストーリーを形づくっているという事案であれば、先に聴いた方がより印象に残りやすいということもあるかもしれません。

双方が先後をめぐって一歩も引かない場合、最終的には、立証責任を負う側、事実関係についてより広く深く把握している者の尋問を先行させることが多いのですが、尋問順序の先後に関して、申請（採用）段階で当事者・代理人同士の鍔迫り合いが必要になる場合があるということは覚えておきましょう。

その際、代理人であるあなたとしては、双方の立証すべき事項や事実関係の把握の程度、主張・立証責任の分配等を根拠に、できるだけ説得的に裁判所に訴える必要があります。

07. 証人等の一括申出

証人尋問と当事者の本人尋問は、できる限り一括して申し出なければならないと定められており（規則100）、これは集中証拠調べを実現するための規定の一つです。

証拠調べに入るということは、それまでの争点整理手続によって取り調べる必要がある人証の内容を当事者と裁判所とで共有できているはずなので、この定めは実務ではあまり意識することはありません。ですが、もし五月雨式な申請となった場合には、あとに申し出た人証の採否に影響が出ないとも限りません。立証は計画的に。

通常、申請時の尋問事項書や陳述書の内容に対する裁判所のリアクションはほとんど無いため、大きく外していても自分では気付きにくい。

CHAPTER.3

03 尋問の手控えの作成

01. 手控え作成ノススメ

❶ ある程度詳細な手控えを準備すべき

　尋問の手控えというのは、あなたが**尋問の際に手元で参照するため、質問事項を順序立てて記載したメモ**です。

　これは前述の、人証申請時の尋問事項（規則107）と異なり、**具体的な質問事項が列記されたそれなりに詳細なもの**を用意します。

　尋問の準備の際に、この手控えを作成しておくべきか否かについて、実務家の意見は分かれますが、私は、2つの理由で、**尋問に不慣れな方の場合、尋問の手控えを作成しておくことを強くお勧めしています。**

❷ 尋問の手控えを作るべき理由　PART1

　一つ目の理由は、尋問の手控えを推敲することによって、**必要な質問とそうでない質問とを整理し、体系だった質問の流れを予め作っておくことができる**ということです。

あなたも含め、基本的に人の記憶力には限界があり、しかもその限界は自分が思っているよりも低いものです。

　予め「これとこれとこれを訊こう」と考えていても、それらが十分に整理されていないままで尋問に臨んでしまうと、主尋問はブツ切り状態になり、五月雨式の、ひどく散漫なものになってしまうでしょう。

　また、ぼんやりと抽象的に「訊きたいこと」をピックアップしただけでは、主尋問の場で質問を簡潔・端的な文章にまとめ、論理的に順序立てて進めることは、どうしても難しくなります。その場で考えて訊こうとするから、つい訊き方もまとまりのないものになってしまうのです。

　締まりのない冗長な質問は、聞かされる方もつらいですが、証言台で答える方にとってはさらに深刻です。

　証人にせよ、当事者本人にせよ、裁判官の面前に座らされ、極度の緊張状態の中、質問に口答で答えなくてはなりません。それを何度も繰り返すのですから、ただでさえ困憊するものです。そのような証人に対し、趣旨の汲み取りにくい質問を繰り返しても、決して上手く答えることはできませんし、期待するような成果は得られません。

　もとより主尋問は、証人や当事者本人から予め想定している証言をいかに上手く引き出すかにかかっています。**あなたが質問できるかどうかではなく、証人等が答えやすいかどうかという視点で尋問準備を行う必要があるのです。**

　ストレートで、ポイントを絞った的確な質問を順序よく投げかけようとするなら、やはり**予め質問の流れや内容を吟味し、不要な要素をそぎ落として、質問の文章を用意しておく**という作業が必要です（もちろん、それに基づいて十分な予行演習をしておくことが前提となります）。

　このようにして作った尋問の手控えを見ながら質問事項を整理整頓することで、それを聴く側も理解が容易になります。証人等は何を答えるべきかを正しく捉えて答えられるようになるでしょうし、裁判所も個々の質問の趣旨や全体の中での位置づけを理解しやすくなり、その後の流れも予測しやすくなります。

❸ 尋問の手控えを作るべき理由　PART2

　尋問の手控えを作成した方がよいもう一つの理由は、それを参照しながら進めることによって、**尋問の際にあなたの心に余裕が生まれ、自信を持って質問を進めることができる**という点です。

　主尋問の準備は、主尋問で到達するべきポイントを正しく見定め、そこに至るまでに必要な質問事項が何か、その順序をどのように配置すべきかを推敲する作業と言えます。

　予め、訊くべきことを吟味して順序よく並べた尋問の手控えを作り、それに従って質問していくことで、目標地点が明確になりますし、そこに至るまでの尋問の流れもキープしやすくなるのです。

　質問や想定される答えの内容を記載するだけでなく、**証拠を示すべき箇所では証拠番号や証拠の標目、該当箇所（頁等）をあわせて記入して**おき、尋問の際にはそれを読み上げればよいという状態まで準備しておきます。

　なお、主尋問では、事前の準備がきちんとできていれば、ある程度想定通りに質問が進んでいくはずなので、回答内容による場合分けを行わなければならない場面(→4章2-3参照)は限られるはずです。

　「尋問の手控えをガチガチに作っていると、証人等の答えがそこからズレた場合に対応できなくなる」という声を聞くことがありますが、これは残念ながら正しい指摘とは言えません。

　もちろん、供述は生き物なので、予め思い描いていた道から逸れていくことは考えられます。そのとき、主尋問ではそれに十分に対応できなければなりません。

　そして、手控えを作成し、主尋問で到達すべき目標に至るまでの一本の大きな流れを形づくることで、むしろ**証言の流れを逸脱しかけたときにも、戻るべき本流がより明確になり、リカバリーしやすくなる**のです。

　そういう意味で、尋問の手控えは、予め設定した目的地にたどり着くためのロードマップのようなものと言えるでしょう。想定していた道が塞がってしまった場合には迂回路を探し、もといた道の先に戻るのです。

「尋問の手控えは尋問自体を硬直化させる」という批判は、それこそ**手控えを命綱か何かのように誤解するもの**と言わざるを得ません。

手控えを作るかどうかは人によりますが、作らないスタイルの場合でも、大まかな質問の流れとたどり着くべき先は頭の中で必ず意識しておかなければなりません。

結局のところ、作る派・作らない派の間には、**わかりやすく紙の形にして準備しておくかどうかという程度の違い**があるだけなのです。そして初心者にとっては多くの場合、紙の手控えがある方があるべき流れをたどりやすいということです。

手控えの作り方についてはいろいろな方法が考えられます。

私の場合は、

① 考えられる質問と想定される回答を全て書き出す。

② それを訊くべき順序に並べ換える。

③ 不要と思われる質問や表現を削除。

④ 最後に証拠や資料等を示すべき時点で注を入れる。

という形で作成しています。

02. マコツ流！ 尋問の手控えの作り方

尋問の手控えのタテマエについてはわかりました。では、実際に主尋問ではどのような形で質問を組み立てていけばよいのでしょうか。

尋問時間も人の集中力も有限です。何でもかんでも思いつく事項を片っ端から訊くわけにはいきません。かといって、重要な事項を訊き漏らして尋問の結果がお粗末になってしまうのは避けたいところです。

そう頭ではわかっているものの、「いざ質問事項を考えようとすると何を訊いて何を質問から外すべきかがわからない」「とりあえず、主張書面の記載や弁論準備でのやりとりの記憶をたどり、重要そうな事実を訊いていく形にしたものの、何となくアンケートみたいで不格好」。尋問に慣れないうちにハマりがちなワナです。

そこで、私が尋問の手控えを作る際にとっている**3つのステップ**をご

紹介します。

⇒ STEP ①　事実経過から尋問で取り上げるシーンを抽出

　まず、**自分が証明しようとする事実を考え、それに見合った形で実際の事実経過の一部をシーンとして切り取ります。**

　例えば交通事故事案で、事故発生状況や過失割合を証明しようとするのであれば、「事故発生前の10秒～事故処理が終わって現場を離れるまで」となるでしょうし、治療経過や休業の事実・休業の必要性であれば、「治療開始から症状固定まで」となります。

　また、金銭消費貸借の事案で、契約の成立は「貸金を申し込まれる場面から実際に貸し付けるまで」、債務不履行の事実は「返済開始から滞納発生、督促、法的手続をとるまで」といった形です。

　一つ一つのシーンは実際の時間経過で数十分の場合もあれば、数ヶ月という長い期間の場合もあります。これは証明したい事実の内容によってシーンの切り取り方が違うためです。

　そして、ここで**切り出したシーン以外の場面は思い切って尋問の対象から外してしまいます。**

　さて、このようにシーンを切り取って事実経過を描き出すのには理由があります。

　世の中のありとあらゆる事象、物事は、一つの**順序**、そして**流れ**のもとに形づくられており、それを見聞きする側もそのような順序、流れがあることを当然の前提として証人等の答えに耳を傾け、個々の事実にどのような意味があるのかを考えようとします。

　例えば、交通事故の場合、「急ブレーキを踏んだ」という事実の前にはそうさせる**原因**があったはずですし、その結果、衝突を回避できたのか否かという**あとに続く事実**も存在します。このような事実の順序や流れを無視して単に「ブレーキを踏みましたか」とだけ質問することには本来意味がなく、また聞いている方にとっても、質問の意図の把握や答えの正しい評価は難しいでしょう。

第3章　主尋問　**99**

思いついた**ブツ切りの質問事項を適当に並べただけの尋問がひどく退屈で理解しにくい**のは、ここに理由があります。

　尋問は基本的に聴き手（裁判官）が体験していない事実を法廷の場で疑似体験させるものですから、物事の順序と流れを意識して事実関係を描き出す必要があるのです。

　質問は「できる限り、個別的かつ具体的に」（規則115Ⅰ）とはいっても、個々の質問がてんでバラバラなものであってはいけないのです。

　シーンごとに事実関係を描き出すのは、個々の断片的な具体的事実それ自体ではなく、それらが集まって形づくられる一連の事象・物事を意識・把握するためなのです。こうすることにより順序、流れのないブツ切りの尋問を防ぐことができるのです。

⇒ STEP ②　切り取ったシーンごとに事実を並べていく

　次に切り取った**シーンごとに、シーンの最初と最後が間断なくつながる**形で質問事項を並べていく作業に移ります。

　例えば、先の事故発生状況について訊くケースを考えてみましょう。

　シーンの最初は、「職場から自宅へ車を運転して帰っている」、そして最後は「実況見分が終わり、現場を離れる」であるとしましょう。もっともこの2つのシーンだけでは、話が全くつながりません。

　そこで、2つのシーンの間の要素を必要なだけ埋めていきます。

　大まかに考えると、

「職場から自宅へ車を運転して帰っている」

→「事故発生」

→「相手とのやりとり」

→「警察官臨場、実況見分」

→「実況見分が終わり、現場を離れる」

となり、一応事故前から事故後までがつながりました。

といってもこれではまだまだ尋問事項のレベルに達していませんから、さらに細かく見ていきます。

試しに「事故発生」の部分を掘り下げてみましょう。

「職場から自宅へ車を運転して帰っている」

→「現場交差点にさしかかる（速度は時速30キロ）」

→「交差点手前で対面信号表示確認（青色）」

→「交差点内に進入（時速15キロくらい）」

→「左方交差道路から車両が進入（白いセダン）」

→「急ブレーキ、右へ急ハンドル」

→「接触」

このように、事実の流れに沿って現れる要素を考え、順に並べていくのです。これで事実経過の描写はかなり具体的になってきました。

ここでもシーンの切り出しの際と同様、**必要な事項のみに絞り、重要性の低い事実は削ります。**

例えると、**一連の事象・物事が橋で、ここで並べた個々の事実はその橋を支える橋脚**の役割を果たします。橋脚は必要なだけあればよいのです。

同じことを他の「相手とのやりとり」「警察官臨場、実況見分」「実況見分が終わり、現場を離れる」についても行います。

ここでは、**「何がどうなった（誰がどうした）」「そのあとどうなった（どうした）」**という形で、一つ一つ事実を置いていきます。

その事実を体験していない聴き手（裁判官）にも生の場面が思い浮かべられるように、尋問の中で描出するべき要素を拾い出して並べていくのです。

この作業では、具体的事実が間断なく続いているかを検証することになりますから、不自然な事実の飛躍があればそれに気付くことができます。

こうすることで、その事象、事実経過の中では当然現れていなければならない具体的事実の訊き漏らしを防ぐことができます。

第3章 主尋問 101

⇒ STEP ③　拾い出した要素に対応する質問を用意する

　具体的事実を拾い出して順に並べたら、今度はそれを証人等に答えて
もらうことを想定し、質問を作ります。

　先の事例で言うと、

　「事故当時どこからどこへ行くところだったのですか」

　→「そのあとどこへさしかかったのですか」

　→「そのときのあなたの車の速度は何キロでしたか」

　→「そのあとどうなりましたか」

　→「そのあとあなたはどうしましたか」

　→「そのあとどうなりましたか」

となります。「そのあとどうなりましたか」は適宜、より具体的な訊き
方に置き換えます。

　ところが、このような質問事項では証人等が上手く答えるのは難しい
でしょうし、何より回りくどいし無駄も多いわけです。

　そこで、この質問の中で陳述書の引用で誘導できる部分は誘導質問（規
則115Ⅱ②）に置き換えていきます。

　「事故当時どこからどこへ行くところだったのですか」

　→**「そして現場交差点にさしかかったのですね」**

　→「交差点の手前○メートルくらいのとき、あなたの車の速度は
　　どのくらいでしたか」

　→「交差点に入る前に対面信号は確認しましたか」

　→「確認した地点はどこですか（現場見取図示す）」

　→「そのときの信号の表示は何色でしたか」

　→**「そのままあなたは交差点に進入したのですね」**

　→「交差点に入るときの速度はどのくらいでしたか」

102

→「交差点に入ったとき、左方交差道路から白いセダンが出てきたのですね」
→「あなたはどうしましたか」
→「結局間に合わずに相手の車に衝突してしまったのですね」

　ここでの質問の仕方はやはりできる限り個別的・具体的なもの（規則115Ⅰ）である必要があります。もっとも、証人等が答えやすいように、尋問テストの中で適宜質問を分割したり統合したりという修正が必要です。

　切り出したシーンの中にも重要度の濃淡はありますから、それを意識しつつ、細かく訊くべきところ、あっさり済ませるところ、というように、質問の深さを調整していきます（センスの見せどころです）。

　ただし、個々の事実を引き出す質問は一連の事象・物事という橋を支える橋脚ですから、尋問から外さないようにします。その事実の順序、流れが崩れないよう（誘導質問や証拠の引用等の形に置き換えることはしても）できるだけ質問自体は残すようにします。

　いかがでしたでしょうか。

　以上は、質問事項を拾い出す際に私がとっている3つのステップです。ただ、当たり前のことですが、**尋問に入れる全ての事件ごとにこんな七面倒くさい作業をいちいちきっちり行っているわけではなく**、あくまでも尋問の手控え（質問事項）を作る際に頭の中で考えていることです。次のページには手控えの例も付しました。参考にしていただければ幸いです。

尋問の手控えを作らず尋問に臨む実務家がいるが、大抵、現場で証拠の提示に手間取り、質問もひどく冗長で抽象的なものになる。

第3章　主尋問　103

【資料】主尋問の手控えの例

> 陳述書の成立と
> 内容の真正を
> 冒頭で確認。

原告甲野太郎
（**主尋問：２０分**，反対尋問：１５分 ：　　　～　　　：　　　）

【甲７・原告の陳述書を示す。】
・この陳述書は，あなたのいうことを私が聴き取って書面化し，あなたが内容を確認した上で間違いないとして署名押印したものですね？
→

・この陳述書の記載の中で，何か訂正をしておく箇所はありますか？
→

・それはどこですか？
→
　※２頁の「３」上から２行目「窓を開けて」→「ドアを開けて」

> 陳述書の誤記等
> は必ず冒頭で
> 訂正しておく。

・あなたが交差道路を南に進んでこの現場の丁字路交差点で左折をしようとしていたところ，直線道路の東から来た被告の車と接触したというのが今回の事故ですね？
→

・交差点に入る前，あなたは停止線の前で一時停止しましたか？
→

・交差点に入る前，直線道路の左右は確認しましたか？
→

> 争いのない前提
> 事項を，前置きで
> 訊くときは，誘導
> も許容される。

・それは停止線の手前で止まったときですか？それともその後ですか？
→

【甲２・実況見分調書中の交通事故現場見取り図を示す。】
・今，あなたが言った「停止線を少し過ぎた辺り」というのは，この図面のどの位置のことですか？
→

・停止線を越えた辺りで左右の確認をしたのはなぜですか？

> 示す証拠等は，
> 番号，標目等を
> あらかじめ書い
> ておくとよい。

【甲４の２・写真撮影報告書の写真④・⑤を示す。】
・これがあなたが左右を確認した位置から見た様子を写した写真ですね？
→

・あなたが左折をしたあと，何が起こりましたか？
→

> きちんと打ち合わせて
> しっかり引き出せる事項に
> ついては，ある程度オープ
> ンな質問も考えられる。

【再度甲２・実況見分調書中の見取り図を示す。】
・そのとき見た「中央線を跨いで走ってくる対向車」の位置は，この図面だとどの位置になりますか？
→

・その動きから，あなたはその対向車が交差点でどうしようとしていると思いましたか？
→

　　　　　　　　　　　　　　　　　　　　　　　　　　　（以下続く）

CHAPTER.3

04 時系列一覧表の作成

01. 時系列一覧表の役割

　事実関係が複雑で、重要な書証が多数存在する事案では、**時系列の一覧表を作りましょう**。

　これは、尋問の現場で参照するためというより、尋問準備の段階で**頭の中の事実の経過や事件の流れの理解をスッキリ整理するため**、そして、**反対尋問の糸口を探すため**に作成するという側面が強いと思います。

02. 事実関係の整理のために役立つケース

　紛争の背景にある事実関係の最初から終わりまでが長期にわたり、しかも着目すべきイベントも多いという事案、事件の中で作成された書証等の証拠の数が多く、それらと関係者の認識との関連（先後や各時点での認識の対象）が問題となる事案などでは、この時系列一覧表の作成は非常に有用です。

第3章 主尋問　105

例えば、保証否認の事案で、金銭消費貸借契約書や保証書の調印、印鑑登録証明書の取得・提出などが繰り返し行われているというケース、取引の中で行われた多数回の個別取引の有効性等が争われるケースでは、それぞれの事実がどのような先後関係で生じたかを理解することが、事案を正確に把握するために極めて重要です。

　これは主尋問の準備に限った話ではありません。

　尋問のとき、**事実関係の先後の理解を誤ったまま質問しているために、客観的に見ると質問が完全に誤導となってしまっている**という場面があります。

　こうした間違いは、尋問者が一連の事実の流れや順序（個々の証拠の作成時期も含みます）を正しく理解していない場合に起こります。特に、関係者の「認識」の時期については客観的な裏付け証拠がないことも多いため、事実経過の理解に混乱を生じがちです。

　そして、そのように質問が誤りである場合でも、証人等が気付かないまま安易に答えてしまうことは多く、こうしたやりとりが積み重なると事実認定も歪んだものになっていきます。

　また、仮に相手方からそのような誤った質問が飛び出したとき、あなた自身が事実経過をきちんと把握していなければ適切な対応がとれません。

　「あれどうだったっけ？　今の質問、時間の先後がおかしいんじゃないか？」と思いつつも、イマイチ自信が持てず、証拠ファイルと主張書面を確認しているうちに、次の質問に移ってしまって、異議のタイミングを逃してしまうことになるでしょう。

　尋問する側であれば、こういった恥ずかしい質問をしないために、また相手方の立場としては、そのような誤った質問に対して直ちに異議を述べられるように、事実関係の正確な理解が必要なのです。

　このため、尋問の手控えは作らないというスタイルの人でも、複雑な事案では時系列一覧表だけは作成して尋問に臨むということは多いようです。

逆に言えば、事故態様と過失割合、損害額だけが争点となる軽微な交通事故案件のように単純な事案では作る意味はあまりありません。

03. 反対尋問の糸口を探すために役立つケース

もう一点の、**反対尋問の糸口を探すため**という点ですが、時系列一覧表を作って、主張や証拠に現れる事実を並べてみることで、相手方の主張の不自然さが浮かび上がってくることがあります。

例えば、「無権代理だという通知を受け取ったのに、格別、反論や関係者への問い合わせといった行動をとった様子がうかがわれない」「主張では『まだ不動産売却の話など聞かされていなかった』はずの時期なのに、印鑑登録証明書等、売却に向けた資料を取得している」というように、**本来あるはずの事実がない、または本来ないはずの事実がある、**といった具合です。

大まかな事実経過の整理は、誰でも相談や受任の段階、あるいは訴訟提起後、主張整理の段階で行うはずです。ところが、尋問前になり、詳細な陳述書が出てきた段階で、それまで気付かなかった相手方のストーリーと客観的な事実関係との矛盾が初めて露わになってくるということがあるのです。

当然、それらの矛盾は反対尋問を行う際の重要なポイントになってきます。

04. マコツ流！ 時系列一覧表の作り方

この時系列一覧表も、どのように作るかは人によって千差万別です。単に、日付と事実関係の概略、書証の成立時期だけをA4版1枚程度にまとめたものを作るという人もいるでしょう。

私の場合は、尋問の手控えと同様、表計算ソフトを使ってかなり詳しく作ります。

単に事実経過といっても、客観的資料から裏付けられる単純な事実（契約書の作成日、抹消登記の日など）もあれば、その存否が激しく争われ

第3章 主尋問 107

ている「事実」もあり、また関係者が特定の「認識」を持つに至った時点（取引が無権代理である旨を通知する内容証明郵便の到達など）なども事実経過の理解では重要です。

　それらをどの程度詳しく書くかは、事案と尋問の目的によりけりです。

　相手方のストーリーの矛盾点を探すという目的を重視すべき事案であれば、それら争いのある「事実」や「認識」についても、主張や裏付けとなる証拠に沿った形で載せておいた方がよいでしょう。一覧表では、【被告主張】等と付記したり、セルの色を変えたりして、客観的事実とそれ以外とが視覚で区別できるようにしておきます。

　次のページに、私の使用している時系列一覧表の例を掲載しました。参考にしてみてください。

事故発生状況と過失割合のみが争点となっている交通事故事案など、事実関係が単純な事案では時系列一覧表を作る意味は乏しい。

【資料】時系列一覧表の例

日付	事実	証拠
H24.7.10	甲野太郎死亡。	甲1
H29.7.25	花子，良介と同居開始。	甲9，乙12
H30.2.12	良介，工事請負契約（1400万円）締結。	乙1の1，乙1の2
H30.3.18	良介，花子から，D証券口座開設手続を頼まれ，印鑑カード，実印預かる。※原告，争う。	乙4，乙12
H30.4.2	A工務店から，中間金（600万円）の請求あり。	乙5の1，乙5の2
H30.4.14	良介，花子とB銀行の貸金庫へ。C銀行の登録印貸与を受ける。	甲4，乙12
H30.4.26	良介，C銀行で700万円出金。そのまま600万円をA工務店に振り込み。残り100万円は花子に返す。※原告，争う。	乙7の1
H30.5.10	健一，軽自動車（122万円）購入。※購入原資について争い。	甲9
H30.5.18	リフォーム工事完了。	乙8，乙12
H30.5.22	良介，定期預金を解約，800万円をA工務店に支払う。	乙6，乙7の2
H30.6ころ？	（印鑑カード，自宅1階仏間の引き出しに戻る）	
H30.12.23	久子，輝代，花子とともに良介宅へ。「盗ったお金を返さないと，大変なことになる」の手紙。	乙11，乙12
H31.1.12	花子帰宅時，久子，輝代が良介宅へ。真紀，「借りたお金を弁済します」の念書を作成。	甲3，乙12
H31.2.2	花子，「出かける。」と言い良介の自宅から出て行ったきり戻らなくなる。※原告「良介が出て行くように仕向けた」と。	乙12
H31.2.27	花子，良介の職場へ。	乙12
R1.8.13	良介に，原告代理人X弁護士からの内容証明郵便が届く。	甲8の1，甲8の2
R1.10.4	本件訴訟提起。	

※ 争点，尋問での質問事項に関わりのある事象を拾い出して時間の先後で並べる。

※ それぞれの事実について，裏付けとなる証拠がある場合には合わせて記載すると尋問の現場でも分かりやすい。

※ 当事者間で争いのある事実については，その旨が分かる記載の方が分かりやすい。

第3章 主尋問 109

CHAPTER.3

05 尋問テスト
──リハーサルはこうやる！

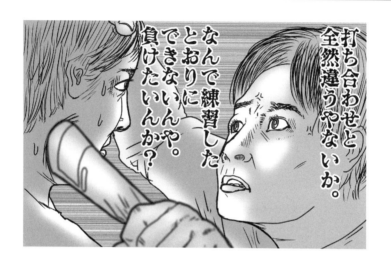

01. 尋問テストの目的と注意点

　尋問の準備としてもっとも重要なのは証人や当事者本人と面談して行う**尋問の予行演習**です。これは「証人テスト」「尋問リハーサル」などと言われることがありますが、本書では「尋問テスト」と呼称することにします。

　民事訴訟において、当事者は、**主張及び立証を尽くすため、あらかじめ、証人その他の証拠について事実関係を詳細に調査しなければならない**と定められており（規則85）、裁判所も、代理人が尋問前に証人や当事者と面談し、尋問テストを行うことを求めています（加藤新太郎『民事事実認定と立証活動第Ⅱ巻』判例タイムズ社、53頁参照）。

　事前に面談できない証人の場合を除き、尋問の前には必ず面談した上で尋問のシミュレーションを行うべきです。

　その目的は、①証人等に尋問の目的と到達点を理解してもらうこと、

②尋問のルールや注意点を理解してもらうことにあります。

　これは、陳述書作成のための面談での事情聴取とは概念的には区別されます。実際にも、陳述書作成から尋問まではある程度時間があきますし、行う内容も全く違いますから、結果的に別の期日を設けることが多くなるでしょう。

　この尋問テストは漫然と行うと無駄に時間がかかる割に、趣旨のはっきりしない曖昧なものになってしまいがちです。そこで、尋問テストのやり方、注意点について述べます。

02. 行う時期・回数・時間

　尋問テストは、**できるだけ尋問期日に近い時期に行う方がよい**でしょう。あまり離れた時期に行うと、せっかく確認した内容を証人等が忘れてしまうからです。**尋問期日の2～3日前**であれば、証人等の記憶の新しいうちに尋問に臨むことができ、また尋問テストの中で不測の問題が持ち上がった場合にもある程度の対処が可能です。

　また、この時期であれば、相手方が申請している人証の陳述書も出ているのが普通なので、その内容も反映した準備が可能です。

　尋問テストを何回、どの程度の時間行うかはケースバイケースですが、**尋問期日の2～3日前**に1回、尋問事項を最低一巡できるだけの時間をとって行い、可能であれば**尋問期日当日**、**尋問前**に30分程度、最終確認と直前での記憶喚起のための打ち合わせを入れると効果的です。尋問テストは代理人の事務所で行うことが多いと思いますが、期日直前の最終の打ち合わせは裁判所の待合室でも喫茶店でも問題ありません。相手方やその関係者がいないことが確認できる場所であれば足ります。

03. 手控えを事前に証人等に渡す？

　尋問準備の準備ということになりますが、証拠として提出している場合には、その証人等の**陳述書の写しを予め渡して、1～2回程度通読**しておいてもらいたい旨伝えておきます。

第3章　主尋問　　111

尋問テストでは、文字どおり質問と答えのシミュレーションを行って、尋問事項の推敲や訊き方、答え方の練習を行う点に主眼があります。そのため、**尋問テストに入るまでに、粗々のものでよいので尋問の手控えを作っておきましょう。**

　ただし、尋問の手控えを事前に証人等に渡すかどうかは慎重に考えます。

　陳述書をもとにしたものであっても、想定問答集という形で**答え方まで書いたものを渡すと証言の不当な誘導となるおそれ**があり、控えるべきでしょう。また、単に質問だけを羅列したメモであれば問題ないかというと、ことはそう簡単ではありません。

　証人等が不慣れであればあるほど、そのような**メモの通りに覚えて答えようとする傾向**があります。その結果、準備すればするほど、法廷で出てくる証言の「作られた感」「言わされている感」が強くなり、尋問の現場で質問の流れが変わった場合に戸惑って対応できなくなるというリスクも高まります。

　尋問の手控えを渡すことは証人等に安心感を与えるには役立つのですが、実際に、そのような手控えを見ながら証言ができるわけではありません（民訴203）。その上、肝心要の尋問でのやりとり自体を硬直化させてしまうという悪影響があるように思います。

　この点については、いろいろな考え方があり得ますが、私の場合は、尋問の手控えは準備前、尋問前を問わず、証人等には渡さないようにしています。

　法廷でリラックスして答えられるという人はなかなかいないものですが、どんな証人等に対しても、**質問の訊き方（スピードを抑える、わかりやすい言葉に言い換えるなど）や質問の流れを練ることで正しい答えが得られるように工夫**します。それでも上手く引き出せない供述は、しょせん、その相手から出てくる供述ではないということです。

04. 尋問テストの当日は

　あなたの事務所に証人等がやってきました。そこでは以下のように、大きく分けて4つの作業を行います。

❶ 尋問の趣旨・目標の説明

　まず、何はともあれ最初にすべきは、今回の尋問の趣旨と目標、すなわち、**「あなたを尋問することでこちらは何を立証しようとしているか」** ということを証人等に説明し、**自分が答えるべき内容を明確に意識してもらうこと**です。

　また、主尋問でも反対尋問でも、証人等に**「いかに余計なことを答えさせないか」**という視点が必要だと書きましたが（→1章3-2）、この趣旨と目標の説明は、そういった必要ない部分を証人等に意識させる上で役立ちます。

❷ 尋問の手続や決まりごとの説明

　尋問には、独特の決まりごとがあり、それを事前に説明して証人等に理解してもらう必要があります。

　尋問に慣れている人はそうそうおらず、普通、証人等は緊張と不安でいっぱいです。適度な緊張感を持つのはよいことですが、不安で固まりすぎているというのは困ります。

　手続がどのように行われるのか、またあなたがどのようにサポートできるのかを説明して、そのような不安を取り除いてあげましょう。

　あなたが説明しておくべきことがらを列記すると以下の通りです。

・証人等は、陳述書やメモなどの書面等を見ながら証言することはできないので（民訴203）、その場で質問した内容に答える必要があること。
・こちらからの質問（主尋問）のあとに相手方からの質問（反対尋問）があり、再度こちらから必要に応じて質問し（再主尋問）、裁判所からも質問（補充尋問）がなされること。
・**知らないこと、わからないことはその通り答える**こと。
・相手方の質問がたとえ挑発的であったとしても、**怒ったり、興奮した**

第3章　主尋問　　113

りしてしまうとかえってこちらの印象が悪くなるなど逆効果になること（ひどい場合は代理人から相手方に異議を述べる場合があること）。
・主尋問、反対尋問、補充尋問のどの場合でも、**訊かれたことだけに端的に答えるべきこと**。特に、反対尋問に対しては**「この人はよくわかっていないから教えてやろう」**という思いにとらわれないようにすること。

そして、この尋問テストの冒頭で必ず証人等に伝えておかないといけないことがあります。**尋問では、日常会話と異なり質問と答えが一問一答式という独特の様式で行われなければならない**ことです。例えば、交

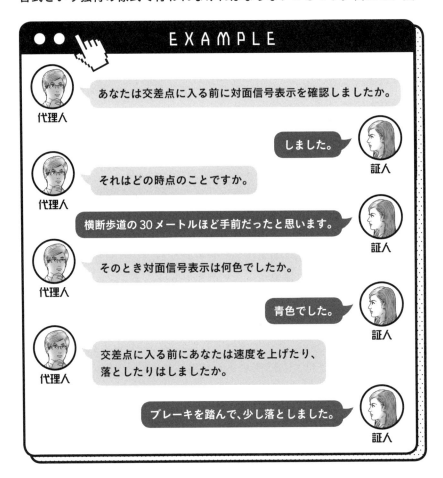

差点での事故発生状況に関して、前頁の質問のケースを考えてみましょう。

　問題としている場面自体は短く、尋問の形式上も全く問題ないのですが、こういうやりとりは、尋問に慣れていない人にとってはひどくまどろっこしく、回りくどいものです。

　尋問では証人等が「交差点の30メートル手前で信号を確認したら青信号だったので、そのまま進み交差点に入るときにブレーキを踏んで少し速度を落としました」と一気に答えさせるような質問の仕方は普通はしません（実際、そのようなよどみのない答えを上手く引き出すのはかなり難しいでしょう）。

　しかしこれは、尋問を受ける側にとっては逆に不安なものです。

　「長かった裁判がようやく証人尋問というヤマ場を迎えたのに、弁護士の先生は、言いたい通りに答えさせてくれないし、質問も組切れの淡泊なものばかり。**こんなので本当にきちんと事故の状況が裁判所に伝わるのか**」と**不安になり、フラストレーションも溜まる**のです。

　そういった焦りが、証人等をして、訊かれたことだけに端的に答えず、答えの前提となる事実経過や思いなどを長々と話させることになるのです。

　これは、代理人と証人等の間の信頼関係の欠如による場合もありますが、多くは**尋問の趣旨の説明が雑であること**が原因です。

　端的に質問して、端的に答えることが裁判所のよりよい理解につながること、必要な事項は必ず一つ一つ順に質問することをきちんと説明し、**尋問とはそういうものだ**と理解してもらわなければなりません。

❸ 尋問のシミュレーション

　注意事項を伝えたら、尋問の手控えをもとに、実際に**質疑応答のシミュレーション**を行います。少なくとも全体を1回は通すべきでしょう。これは証人等とあなたの両方にとっての予行演習ですから、冒頭の陳述書の成立・内容の真正の確認や証拠等を示す作業もきちんと行います。

　あなたが予め作っておいた尋問の手控え（ドラフト）の検証を行い、質問の順序や訊き方、質問の追加・削除まで再度推敲する作業も行いま

第3章　主尋問　　115

す。また、やりとりを進める中で、新たに確認すべき事情が出てきた場合、シミュレーションを一旦止めて、事実確認をします。

なお、尋問テスト中、証人等の答え方についても次のように修正していきます。

GOOD EXAMPLE

代理人：続けますね。「あなたは事故のとき、車のヘッドライトは点けていましたか？」

証人：「夜この道を走るときはライトを必ず点けているので、このときも必ず点けています」

代理人：今のところ、その答え方だと「事故の日に点けたかどうかははっきりと覚えていないけれど、いつもそうしているからこのときも点けていたはずだ」というようにも聞こえるんですよ。事故のときにライトを点けたという明確な記憶はありますか。

証人：あります。事故現場までの道は街灯がないので暗くて走れないんですよ。

代理人：じゃあ、最初の質問の答えはまず「点けていました。」でいいと思います。そのあと、私が「事故の日は、うっかりライトを点けるのを忘れたということはありませんか？」と訊くので、それに対して今の「道が暗い」という点を点け忘れていなかった根拠として答えていただけますか。

このように、そのままの答え方では聞き手の誤解を生んだり、わかり

にくかったりする場合に、その**証言の主旨を変えない範囲**で、「こう答えた方がわかりやすいですね」と、答え方を変えるよう指示します。

　重要なのは、**立証に都合のよいように、証人等の答える内容を改変させてはならない**ということです。それは、禁じられる偽証のそそのかし（弁護士職務基本規程75）に類するものであって許されません。また、次のように、答え方に合わせて訊き方を変えるべき場合もあります。

代理人：次行きましょう。「事故が起こったあと、現場で警察の実況見分が行われていますね？」

証人：「相手が責任逃れのことばっかり言って埒があかないから、夫に電話で相談したところ警察を呼んだ方がいいと言われたので私が携帯電話で呼びました」

代理人：なるほど、それでは答えが少し長くなってしまいますね。ここはまず「事故のあと、現場に警察が来ましたね？」と誘導で訊きますので、「はい」と答えていただければ結構です。続けて私が「被告とあなた、どちらが警察に事故を通報したのですか？」と訊いて、そのあとに「被害者のあなたが警察に通報することにしたのはなぜですか？」と区切って訊いていきますね。実況見分のことはそのあとに続けて質問しますので。

　ここで重要なのは、質問にせよ、答えにせよ、内容を変更した場合は、**必ずその変更した内容できちんと答えられるまで、その質問を繰り返してやってみる**ということです。「ここをこのように修正しておきますから」と言うだけの場合と、実際に声に出して質問し、答えてみるのとでは、

法廷での再現のレベルに格段の違いが出てくるからです。

このように、適宜修正や変更を行うので、尋問の予定時間が30分程度であっても、シミュレーションには1時間程度かかるはずです。

❹ 反対尋問の想定と対応のシミュレーション

もう一つ、必ず行っておかなければならないのは、**反対尋問対策**です。

我々は、「真実」を取り扱う職業柄、常に反対側から事件や自らの主張を見つめることの重要性を意識しているはずです。尋問においても同じで、「自分が相手方代理人ならば、どのような形で主尋問の結果を潰しにかかるだろうか」という視点で反対尋問の内容を予測します。

ここで、あなたの依頼者や証人が自分の側に不利益な事実をあなたに隠していたり、相手方が決定的な隠し球の証拠を握っていたりといったケースもあるかもしれません。その対策はなかなか難しいのですが、いくつかの「反対尋問で突かれそうなポイント」は思い浮かぶはずです。

例えば、陳述書で、実際には若干曖昧なんだけれども少し断定的に調子を強めて書いてしまっている部分、できるだけ注視されないように意図的にぼかしている部分があるかもしれません。主張や客観的証拠との摺り合わせが十分でなかったために、それらと陳述書の内容とに離齬が生じてしまっていることに、尋問準備の段階で気付いてしまったということもあるかもしれません。そういった部分については、**相手方は必ず気付くものと考えて**、対策を練る必要があります。

まず、陳述書の内容に離齬があったときは、必ず**主尋問の冒頭で訂正する**やりとりを加えます。普通、主尋問の冒頭では、その証人等の陳述書を証拠として示し、「これはあなたの話したことを私が聴き取って書面化し、あなたが内容を確認した上で間違いないとして署名押印したものですね」という質問を行うはずです。多くの事件で半ば儀式化していますが、陳述書の成立と内容の真正を確認する重要な手続です。これに、以下のように続けます。

　さらに、具体的に齟齬が生じている箇所を指摘させ、実際にはどのような記載が正しいのかを答えてもらいます（適宜、陳述書の該当部分を示しながら行います）。

　これは、格好がよくない上に、導入部で流れが停滞するため、尋問のリズムも若干悪くなるのですが、そのようなことは反対尋問で齟齬を指摘された場合のデメリットに比べれば全く取るに足りません。

　こういった「陳述書の齟齬」は、具体的な日付や反復継続して行われた行動の回数、些末な事実の先後関係の思い違いなどによる場合が多く、実際には陳述書全体の信用性や事件の帰趨に影響しないことがほとんどです。ところが、反対尋問で齟齬を指摘されて証人等が落ち着きをなくし、流れやリズムが大きく乱されると、供述の信用性評価にも影響してくることになります。

　次に、それ以外の、正真正銘の「反対尋問で突かれると痛いポイント」ですが、これについて有効な手立ては、**「運悪く突かれたら、必要な限りで、ありのままに答える」**という点に尽きます。

　それなりにシビアに争われる事件では、多かれ少なかれ「あまり訴訟ではスポットライトが当たって欲しくないポイント」というものがある

第3章 主尋問　119

はずです。

　例えば、交通事故事件の被害者で、実は事故の前にも同じ部位に同様のケガを負っていた事実があるというケースを考えてみてください。同一部位に同様の傷害を負っていたという事実は、訴訟の中でも治療期間の長期化や損害の拡大に寄与したとして、寄与度減額の反論につながる可能性があります。といっても、前事故が今回の事故の8年前で、そのときのケガも比較的軽微で、しかも今回事故が起きた当時は回復しており、就労にも生活状況にも何の影響もなかったという場合であればどうでしょうか。

　原告としてもそのような事実をわざわざ自分から主張では出さないでしょうし、それだけ前の事故が古いと、今回の事故の医療記録上に全く記載がない可能性もあります。

　原告としては、無用な反論の糸口とされるのを避けるため、できれば触れて欲しくない点です。

　また、当該前事故の情報を自ら明らかにしなかったからといって、原告が何らかの責任を問われるとは考えがたいところです。

　このように、事件の勝敗に直結するような重大な事実を伏せたり、虚偽の主張を展開したりしているのでもない限り、触れて欲しくない点が反対尋問で突かれたときも、**割り切って事実をありのまま答えさせ、その上で、リカバリーに必要な質問を再主尋問で行ってフォローする**という流れが適切です。

陳述書作成の面談だけでは質問に対する証人等の反応はつかみにくい。尋問テストは可能な限り全ての案件で行うべきである。

【資料】本人に渡す用「尋問注意事項メモ」

尋問手続でお願いしたいこと

尋問の注意とお願い

・あなたの尋問は，
　　　私からの質問（主尋問・**30**分程度），
　　　相手方（代理人）からの質問（反対尋問・**15**分程度）
　　　私からの再度の質問（再主尋問）
　　　裁判官からの質問（補充尋問）
という順番で行われ，全部で**60**分ほどの予定です。
　尋問のあいだは，携帯電話の着信音が出ないよう電源を切るか，マナーモードへの設定をお願いします。

・私からは，あなたの陳述書の内容に沿って，答えて頂きたい点に絞って一つ一つ短く質問していきます。普段の会話の形とは違っていますが，質問のあと一呼吸おいて，尋ねられたことだけにそれぞれ短く答えるようにお願いします（なお，陳述書などの書面を見ながら答えることはできません）。

・相手方（代理人）や裁判官からの質問にも，尋ねられたことだけに短く答えるようにお願いします。あなたの知らないこと，分からないことを尋ねられたときは，無理に答えようとせず，「知りません」「分かりません」と答えるようお願いします。

・相手方（代理人）からは，あなたを怒らせたり戸惑わせたりする質問がされるかもしれません。そのときも，あせらず落ち着いて一呼吸おき，尋ねられたことだけに短く答えるようお願いします（質問が不適切なときは，私から質問を変えるよう申し入れを行います）。

当日，持参頂きたいもの

　尋問の当日は，以下のものをご持参ください。
　　① ご本人確認ができるもの（運転免許証，健康保険証など）
　　② 印鑑（認め印で結構です。）

当日の待ち合わせについて

　あなたの尋問期日は

> 令和 **元** 年**10**月**25**日（**金**）の**午後1時30分**～**午後3時00分**

です。
　期日の**15**分前までに，○○地方裁判所の１階ロビーにお越しください。
　なお，当日，緊急の場合は以下にお電話ください。
　　　　　　　　　　　　携帯電話　０９０（××××）××××

第3章 主尋問　121

CHAPTER.3
06 主尋問の具体的テクニック

01. 質問は短く端的に

　証人等が質問の趣旨を受け取りやすく、また裁判所が質問と回答を正しく理解できるよう、尋問での質問は**できる限り、個別的かつ具体的なもの**でなければなりません（規則115Ⅰ）。

　その趣旨については、既に詳しく触れたとおりです（→1章3）。

　答えを急ごうとすると、ついいくつかの要素をまとめて答えさせるような質問をしてしまいがちです。しかし、そのような質問は概括的・抽象的な表現になってしまい、答えの方もポイントの不明確な曖昧なものになってしまうことが多くなります。

　陳述書にも書いてあるような周辺事情であれば誘導質問を活用して進め（→1章4-2）、それ以外の**核心部分については、質問を「誰がどうしたか」「何がどうなったか」という回答になるよう、一つ一つ区切って短く質問**します。

このような質問の仕方が功を奏するためには、証人等の理解が必要不可欠ですが（→本章5）、尋問の手控えの作成と尋問テストがしっかり行われていれば格別問題は生じないはずです。

02. 相づちは不要、オウム返しはしない

質問の答えに対し、「はい」や「うん」「なるほど」といった相づちは不要です。相づちには全く意味がありませんし、聴く側にとっても無駄な情報だからです。

証人等の証言のあとにいちいち「わかりました」と口にする代理人がときどきいますが、これも意味がありません。

「わかりました。あ、といっても今のあなたの答えが腑に落ちたという意味ではありませんよ」という受け答えをわざわざする人もいますが、いったいなぜそこまでわかりたがるのかがわかりません。

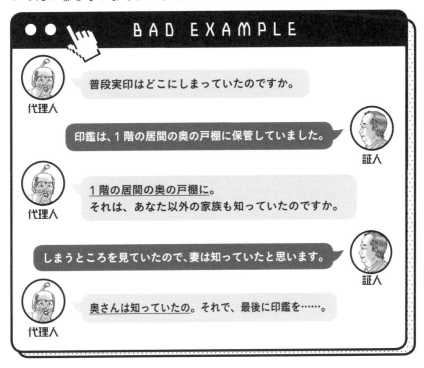

オウム返しも、意味がなくかつ耳障りだという点は相づちと同じです
が、より大きな問題は、オウム返しが繰り返されることで、せっかく引
き出された**証言の新鮮味や迫真性が削がれてしまう**という点です。

　このような不自然なやりとりは、聞いている側もつい気になってしま
います。本来、証人等の回答に注がれるべき聴き手（裁判官）の集中力
のたとえ数パーセントであっても削がれてしまうというのは実にもった
いないことです。

03. 証拠引用の際は証拠番号と標目、箇所まで

　質問の際、裁判長の許可を得て証拠等を示すことができますが（規則
116Ⅰ）、その際、証拠番号だけでなく「甲第〇号証、原告の陳述書を示
します」「乙第〇号証、平成28年4月1日付金銭消費貸借契約書を示
します」というように、**証拠の内容まで（証拠が大部であれば該当頁まで）
指摘する**ようにしましょう（→1章6-9）。

　そうすることで聴いている方は、質問の趣旨や意味を汲み取りやすく
なります。こうした聴き手の理解を助ける細かい工夫・配慮の積み重ね
によって、尋問全体の理解のしやすさも大きく変わります。

　なお、証言台に近づくのはあくまでも証拠等を示すためですから、示
し終わったら、再び代理人の席へ戻って質問を続けます（→1章6-8）。

04. 敬語の使用にご用心

　尋問では、法廷のみならず、証人等や相手方代理人に対し、敬意を払
い、節度をもって対する必要がありますが、質問の際の**敬語の使い方**に
ついては注意が必要です。

　例えば、「代金は払われましたか」という質問の場合、その表現だけ
を見ると「代金が相手から払われたか否か」を訊いているのか（受け身の
「払われる」）、「証人等が相手に代金を支払ったか否か」を訊いているの
か（尊敬語としての「払われる」）、がわかりません。

　こうした曖昧さは、尋問のやりとりの中よりも逐語的な尋問調書に

なった場合により顕著です。

　証人等に敬意を払うといっても、そこに上下関係があるわけではなく、あくまで対等の立場でのことです。証人や関係者の行動について「〜される」といった尊敬語の表現を使うことはそれ自体不自然ですし、**「ですか」「しましたか」といった丁寧語をきちんと使うだけで十分事足りる**はずです。

　ですから、冒頭の例で言うと、受け身の意味の場合は、

　「相手から代金は払われましたか」

という表現になり、また逆に証人等が払ったかどうかを訊くのであれば、

　「あなたは相手に代金を払ったのですか」

という訊き方をすべきです。

　質問で尊敬語を使わない訊き方で一貫していれば「〜れる」「〜られる」という表現は受け身であると認識しやすくなります。なお、「可能」の意味の場合は、紛らわしくなりそうであれば「〜れる」「〜られる」ではなく「〜できる」「〜できない」とするなど、区別しやすい表現を使うとよいでしょう。

▌ 05. 指示語・ジェスチャー・固有名詞は具体化せよ

　大きさや距離、身体の部位などを訊いたとき、証人等が身振り手振りで「このくらい」「ここからそこまでくらい」という説明の仕方をすることがよくあります。なるほど、法廷でその証人等の動きを見ている人にとっては身振り手振りと合わせてみることでより理解が容易になります。

　ところが、このままでは調書に記載できません。仮に載ったとしても「このくらいです」という証言だけでは何がなにやらわかりません（たいてい裁判所からその場で指摘が入ります）。

　ですから、こういった場合は、**具体的な数値や程度で答えられるように質問を重ねる**か、あるいはあなた自身が質問の中で「いまあなたが言ったのは大体、幅40センチメートルくらいということでよいですか」「右腕を自力で上げられるのは肩の高さくらいまでということですね」と**具**

第3章　主尋問　125

体的に描写し、それに答えてもらうといった工夫が必要です。

それまで**書面や証拠で出てきていない固有名詞**が現れた場合も、調書の記載を正確なものとするため、**必ずその場で表記を確認**します。

例えば、証言の中で「カジさん」という名前が出てきたとしましょう。

聴いている方は話の流れからそれが人の姓だというのはわかりますが、表記が「鍛冶」なのか「梶」なのか「加持」なのかがわかりません。「火事」はさすがになさそうですが「加治」かもしれませんし、「舵」の可能性もあります。

こういった場合、単語が出てきたその場で漢字ではどういった表記になるのかを訊きます。「今、話に出たカジさんというのは、木へんに尾っぽの尾と書いて漢字一文字で『梶』さんですね」というようにです。

このやりとり自体は普通調書には載りませんが、これによって「カジさん」がちゃんと「梶さん」になります。

なお、証人等が「カジさん」の漢字を知らないという場合もあるわけですが、証人等とその証言に出てくる人物との関係の深さが問題になる場合も多いので、「漢字でどう書くかは知らない」と答えさせることにはそれなりの意味があります（調書上はおそらく「カジさん」という表記になるのでしょう）。

▌**06. 反対尋問時に動揺を顔に出さない**

自分の主尋問が終わると、相手方の反対尋問が始まります。

このとき、突いて欲しくない部分が運悪く厳しく追及されたり、自分の知らされていなかった不利な事実が証人等の口から語られたりといった望ましくない状況に陥ることがあります。

この場合も、**動揺を表に出してはいけません**。

慌てて、事件ファイルをあれこれと見返したり、狼狽したりしないようにしたいものです。

実際に窮地に陥っていることを相手方に見抜かれると、勢いづかせることとなりますし、それが証人等（特に依頼者本人）に伝わると、必要

126

以上に不安を抱かせるおそれがあります。

　そのような代理人の狼狽する様子は、裁判官の目にどう映るでしょうか。判断に迷う非常にシビアな事件であれば、代理人や当事者が示す「無言の不利益陳述」は、ギリギリの最後のところで判断に影響を及ぼすように思えてならないのです。

　そういった裁判所や相手方の受け止め方は、**判決だけでなく、尋問後の和解協議での力関係にも微妙に**影を落とすことになります。

　痛いところを突かれたり、証人等が想定と違う不利な内容を語り出したりしたときも、代理人としては、少なくとも表面上は全てが想定内であったかのように鷹揚に振る舞い、再主尋問でリカバリーができないかを冷静に判断します。

　このように、仮に反対尋問で不利な流れになったとしても動揺を表に出さないようにするということは、**依頼者本人や尋問に同席させる修習生にも予めよく言い含めておく必要があります。**

尋問の巧拙はまず質問の形式面に現れる。それらを改善することなしに自分の尋問の良し悪しを論じることは全く滑稽である。

CHAPTER.3

07 ダメな主尋問

01. 具体例からぶった斬ろうのコーナー

例えば、交通事故の損害賠償請求訴訟で、原告代理人が主尋問で次のような質問をしたとします。

BAD EXAMPLE

代理人

まず、あのね、今回の事故の前にね、その流れと言いますか、それを訊きたいんですけれども、あなたは陳述書によれば、まあいちいち示しませんけれども、あなたの陳述書、それによれば、5時過ぎ、つまり17時過ぎということなんですけれども、そのころに職場を出て車を運転して帰ろうとしていたということになっているんだけれども、今回の事故現場の交差点へはどうやって向かったの。

この質問にはいくつか問題があるのですが、それはどのような点でしょうか。

02. 朗読・宣言・スピーチ型の冗長な質問

ダメダメ度：😵😵😵😵

一見して感じるのは、**質問それ自体が冗長で、しかもまとまりがない**ということです。

ただでさえ前フリが長い質問というのは、一体何を訊きたいのかと聴いていて不愉快になってしまうものです。それに、質問の文章自体、質問しながら考えてつないでいる感じが強く、事前の準備が不十分であることがうかがえます。

こういった訊き方は、いつどこからが肝心の質問なのか、一体何を聴きたいのか、**答える側、聴く側に集中し続けることを強いる**点で適切なものではありません。

また、「私が長々話す内容をきちんと頭に入れてから答えなさい」という傲慢ささえ感じます。

そもそも、**主尋問での質問は正しく準備できている場合、長くなりようがない**のです。法廷で目の前の証人や本人に前提事実をダラダラ説明しないといけないというのは、主尋問で立証しようとする事項がきちんと見えていないか、準備がろくにできていないかのどちらかでしょう。

そういった質問は、尋問が不得手（つまりヘタ）な代理人だと強く印象づけるものになってしまいます。

このような問題は、**予め、何を訊くかを確定し、それに必要十分な形に質問を調え、不必要な要素は全てそぎ落とす**ことで改善できます。

03. 誘導の使い方がまずい質問

ダメダメ度：😵😵

上記の例では、**そもそもこんな質問は誘導でよいのではないか**、という点も気になります。

第3章 主尋問　129

既に見たように、誘導質問は原則として制限され、「正当な理由」がある場合に許容されるものです（規則115Ⅱ②）。主尋問で立証しようとする核心事項の質問を全て「はい」で答えさせるような尋問は意味がありません。

　ところが、これも**事と次第によりけり**です。

　当事者間に格別争いのない事実や他の客観的証拠からうかがわれる情報については、誘導によって供述の内容が歪められるおそれが少ないので、それらを尋問でゼロから証人等に語らせる意味は乏しいでしょう。

　そのようなことがらについては、むしろ誘導質問を活用するべきであり、いちいち訊く必要はありませんし、実務でもそのような事項はバンバン誘導で進めていくことが期待されています。

　上記の事例は交通事故の発生状況が問題となりそうな事案ですが、そもそも、**どういった経緯・道すじで事故現場に至ったか**などは、当事者として提示するストーリーの一要素として、既に陳述書やその他の証拠、主張などで現れています。しかも争いがないということが多いでしょう。

　そういった事情をわざわざ法廷で証人等の口から語らせるのは無駄ですから、思い切って質問から外せないかを考えます。

　とはいえ、陳述書に書いてあり、争いもなく、そもそも争点との関連性も大きくないという事項であっても、質問に流れを持たせるためにどうしても導入として訊いておきたいということがあります。

　「質問は個別的かつ具体的に」（規則115Ⅰ）として一問一答式の質問形式が求められる結果、真に争点と関係ある事実だけを訊いていくと、どうしても尋問の内容がブツ切りになり、かえって聴き手が質問の流れや趣旨、全体のストーリーをつかみにくくなるというおそれが出てきます。

　そういった場合には、多少争点とのつながりが薄くても流れをよくする質問を入れた方がわかりやすいことがあります。

　もっともそのような場合でも、質問自体の重要性が低いことは事実なので、次のように訊いてみます。

130

> **GOOD EXAMPLE**
>
>
> 代理人
>
> あなたは、事故当日、午後5時過ぎに職場を出て、車で帰宅途中に事故現場交差点に差し掛かったのですね。

というように、誘導を用いた端的・直接的な訊き方で十分でしょう。

質問自体が十分にわかりやすく練られていれば訊かれている側も何を訊かれているのかが理解できるはずです。よほど相手が落ち着きを失っているような場合でない限り「今から○○を訊きますから」という**前フリはいりません**。

「陳述書をいちいち示しませんけれども」という言葉も不要です。これらは証明すべき事実でも何でもありません。

質問を考える際には、**まずそれを訊くことが本当に必要か否かを吟味し、必要な場合には、次に端的な誘導が適しているか否かを精査**します。

ただ、こういったことは頭でわかってはいても、尋問の現場で一から質問を組み立てるのは難しいものです。事前準備の重要性に気付かされる一場面です。

04. 準備書面や陳述書をなぞるだけの質問

ダメダメ度：😱😱😱

さらに、**準備書面や陳述書をなぞるだけの質問**というのも問題です。

主尋問を行う際には、その事件で自分が証明しなければならない事実一般のうちどの部分を、その証人等の供述でカバーしなければならないのか（その人証によって立証しようとする事実は何か）、という視点を持つ必要があります（→本章1）。

あなたの立証の全てを尋問で行わなければならないわけではなく、またそうしようとしてはならないということです。

通常、民事訴訟では尋問に入るまでに種々の書証が提出されていることが多いでしょう。

　例えば、陳述書には「ひととおりの事実」、つまり**「主尋問で訊く事項も訊かない事項も書く」**わけですが、尋問ではそのような陳述書の内容を再現しようとするのではなく、**立証上特に重要と思われる部分について若干掘り下げて訊いていく**ことになります（→2章2-2）。

　このように陳述書と尋問とでも明確な役割分担、機能の区別があり、先ほどの「主尋問での誘導質問の活用」もこういった**尋問で明らかにすべき核心**を強く意識した考え方に基づいています。

　予め作られた文章を、証言台の前で口頭で再現させようとする尋問は、内容にメリハリがなく、聴いていてもどこが重要なのかがわかりにくいものです。

　そのような主尋問を聴かされる側は「重要な点、真実の争点がつかみ切れていない代理人だな」という印象を持つでしょう。何より「結局陳述書のとおりしゃべるだけだろう」という**悪い意味での予測可能性**が生まれ、聴いている側の供述内容に対する集中力や興味を薄れさせてしまうという問題があります。

　陳述書をなぞる尋問が「退屈な尋問」の典型としてあげられるのはこのためですが、「聴き手にいかに聴かせるか」が重要であることからすれば、これは大変な問題です。

　尋問はエンターテイメントではないので、聴いて楽しいものである必要はありませんが、少なくとも、**聴き手が関心を失わない程度に興味を引くもの**でなければなりません。

　そこで、尋問事項を考える際には、陳述書に記載した「ひととおりの事実」のうち、**証人等の口から語らせるべき部分を抜き出し、その点を周辺の事実も含めて重点的に訊いていく**ことになります。

　例えば、保証契約の成立を立証するのであれば、そのような合意が存在したという事実だけでなく、保証契約を結ぶこととなった具体的経緯や、同契約締結前後の関係者の言動、証人等の認識・判断の具体的根拠

なども尋問で訊いていき、それによってリアリティを持ったストーリーを提示しなければなりません。

これは陳述書や主張書面の記載をただ平板になぞるだけでは到底できないことです。

05. 証人・本人に現場で書かせる尋問

ダメダメ度：😵😵😵

事件発生時の当事者や車両の位置関係、経時的な動きなどを示すために、**予め用意した図面や写真の写しなどへ証人等に書き込みをさせる**ということがしばしば行われます。これも文書等の質問への利用（規則116）の一場面であり、行うには裁判長の許可が必要です。

これは、口頭での説明だけでは非常にわかりにくいけれど、図にしてみると一目瞭然といった場合に非常に有効な手立てではあります。

もっとも、**主尋問、しかも事前の面談が可能な証人や当事者の尋問の場合には注意が必要**です。

そういった場合、尋問者と証人等が事前にいくらでも準備・協議し、自らの主張に沿う形で図を作成することが可能なので、わざわざ主尋問の時間を割いて証言台で図を書かせる必要性も必然性もありません。その結果、「主尋問で書かせる行為」それ自体が**ひどく白々しいパフォーマンスの風合い**を帯びてしまうのです。

そのような図示をしたいのであれば、図面を添付した陳述書や報告書を予め証拠として提出しておき、尋問で深掘りすればよい話ですし、そうしておくべきだということです。

このように、特別な事情がない限り、**尋問の場で図に書き込みをさせるのは、事前に面談等ができない証人の場合か、反対尋問の場合に限った方がよさそう**です。

第3章 主尋問 133

06. 時間を守らない尋問

ダメダメ度：😱😱😱😱😱

　尋問では、自分の側に**与えられた尋問時間は必ず守りましょう。**

　普通、人証を採用するときは、主尋問、反対尋問、補充尋問の時間を５分単位で定めておき、複数人の取り調べを行う場合、各人証ごとの所要時間とその証拠調べ期日全体の時間が設定されます。逆に、その日尋問に充てられる総時間を決めてから、それを証人、当事者等の重要性、それぞれの立証事項を検討して割り振っていく形で決められることもあります。

　いずれにせよ、**主尋問の時間オーバーは反対尋問や補充尋問、ひいてはあとに予定されている他の人証の取り調べ時間に影響を及ぼしてしまいます。**

　あなたが与えられた時間を大幅に超過することで、相手方も「こちらにもそれに見合った時間だけ反対尋問をさせてもらいたい」と言い出すかもしれません。そうなると、時間オーバーの影響は自分にも跳ね返ってきてしまいます。

　展開が読みにくい反対尋問と違って、主尋問では尋問の所要時間をある程度正確に見積ることができるはずですし、多くの場合、尋問テストをしっかり行うことで全体の尋問時間の調整も可能です。

　あなたが作った尋問事項の中には、どうしても落とせない質問もあれば、流れにより割愛してもよい質問もあるでしょう。予想外に尋問時間が長引きそうな場合は、より短い答え方になるよう尋問の途中で訊き方をクローズな質問に変えたり、優先度の低い質問は飛ばしたりといった現場での判断も必要になります。

07.「最後に言いたいことはありますか」

ダメダメ度：😱😱😱😱😱

　極めて多くの裁判官が口をそろえて批判する**もっとも悪名高い質問**

が、主尋問(ないし再主尋問)の最後に行われる**「最後に何か裁判官に言っておきたいことはありますか」**という質問です。

　立証のためというよりも(依頼者である)本人のガス抜きのために行われることが多いように思われます。

　事実、この質問を受けた当事者本人は、ここぞとばかりに、裁判に至る経緯や事件に至るまでの相手方との長年の確執、訴訟手続中の相手方の言動や立証態度、いかに自分が不当な地位に追いやられてきたかといった諸々のことがらを堰を切ったように話し出します。質問自体が「何か言っておきたいことは」という、**これ以上ないくらいオープンな形式**のため、本人は今のうちに言っておかねばという気持ちで感情を言葉に乗せてほとばしらせます。

　これは、「答えは訊かれたことについてだけ」「できる限り短く答える」と言い聞かせられ、フラストレーションが溜まり切った当事者としてはごく自然な反応のように思われます。が、尋問のあるべき姿ではありません。

　大して立証の役に立たない事項を延々と聞かされ、それを(反訳業者の手を経るとはいえ)調書に書かされることになる書記官の徒労感はいかばかりでしょうか。

　そのような質問で本人を「解放」する代理人の側も、それが立証上有効な質問であり答えであると考えてのことではないはずです。そういった当事者の思いは陳述書に書いておくことで本来事足りるはずですし、依頼者本人が「どうしても裁判官の面前でひとこと言わせて」と譲らないのであれば、端的に答えられる２、３のクローズな質問を設定し、できる限り手短に答えさせる形をとるべきでしょう。

主尋問であれ、反対尋問であれ、それを聴いている裁判所のために行うのだという側面を決して忘れてはならない。

第3章　主尋問　135

CHAPTER.3

08 相手方の立場から見た 異議の出し方

01. ボーッと聴いてる場合じゃない！

前項では、あなたが主尋問を行う際に注意すべき点やヒントについて述べました。逆に、あなたが**相手方の主尋問を聴いている場合**についてもいくつかの検討を加えることができそうです。

02. 個別具体的でない質問に対して

既に書いたように、質問は個別具体的でなければなりませんが（→本章6）、これは相手方が当事者や証人に対して主尋問を行う場合にも当然当てはまります。

概括的・抽象的な形でなされた質問は、たとえ証人や当事者が答えられたとしても、その意味や評価があとから問題になりえます。

特に、関係者の「認識」を問題とする場合は、それがいつの時点のことを訊いているのかという前提が極めて重要です。

例えば、相手方代理人が証人へ主尋問を行っている場面で「あなたは被告から買った機械が要求される仕様を満たさないことがわかりましたか」という質問をした場合です。「わかりました」「わかりませんでした」、いずれの答えであっても、それがいつの時点の認識を訊いているのかによって証言の意味や評価は大きく異なってきます。

　相手方の主尋問の内容は、あなたがそのすぐあとに行う反対尋問での反駁の対象となるものです。攻撃対象は明確に定まっている必要があります。

　特に、相手方の主尋問で話される内容は、多くの場合、相手方が事前に尋問テストを行った上で組み立てられたものです。つまり、その尋問テストの中で、**不利な部分、あまり触れてもらいたくない部分については、意図的にぼかされて（あるいは、ウソにならない程度にごまかされて）いることが少なくない**、ということです。

　相手方の主尋問であっても、**質問内容が不明確な場合には必ず異議**（規則115Ⅲ）を出し、前提とする事実や回答の対象をきちんと特定してもらいたい旨述べて、質問内容をより具体化するよう求めるべきです。

03. 侮辱・困惑させる質問に対して

　相手方の主尋問で問題となる場面は少ないと思いますが、代理人の質問が証人等をいたずらに侮辱・困惑させる質問であった場合には異議を述べるべきです。

04. 誘導質問に対して

　先に見たように、主尋問、反対尋問を問わず、原則として誘導質問は禁止されるところ（民訴規則115Ⅱ②）、反対尋問においては「正当な理由」（同Ⅱ但書）があるとして認められると考えられています。主尋問でも「正当な理由」があれば誘導質問は認められるわけですが、反対尋問に比べるとそのような場合は少ないとされています。

　これは、主尋問では通常、証人等と尋問者との利害が一致し、関係も密であるため、供述が尋問者の質問に誘導されるおそれが大きいためです。

もっとも、陳述書や主張で既に出ていて当事者間にさほど争いがない事実や、争点との関連が低いような前提事項については積極的に誘導質問を行うことが求められており、裁判所も同様に考えています。
　こういった場合、証人や当事者に法廷で自分の口で全てを再現させる意味はありませんから、積極的に誘導していくべきですし、相手方もそれにいちいち異議を出すべきではありません。
　そうなると、**主尋問でも誘導質問が適切でないと言える場合はある程度限られてくる**ことになります。
　「核心的部分についてはやはり誘導質問は不相当だから異議を出すべき」かというと、これがまたそうとも言い切れません。
　逐語調書であれば、（要領調書の場合と異なり）質問と回答がその都度併記され、誘導のやりとりであればそのことが調書上明らかになるからです。

このように、**誘導質問の場合、証人等が質問者の誘導に唯々諾々と従ってやりとりが進んでいったことが調書上も明らかになりますから**、のちの準備書面での反駁や裁判所の事実認定の際に、争う側にとってむしろ有利な資料となることがあります。

　ところが、そのような本来相当でないとされる誘導質問に異議を出して質問自体が撤回されてしまうと、調書上も異議の対象となった質問が残りません。誘導質問に異議が出た時点で、証人等も質問者の質問の意図に気付きますから、その後、誘導ではない形に改めて質問がなされたとしても、結局、質問者の意に沿った答えが出されてしまいます（しかもそれが調書上は自然なやりとりとして残ってしまいます）。

　そうなると、**主尋問での誘導質問に対し異議を出すか、あえてそのままにするかについては、質問の内容や複雑さ、争点との関係の度合い、証人等の答える力などをもとにその都度検討する必要がありそう**です。

　なお、近時、地方裁判所の民事事件では、録音反訳の方法による逐語の尋問調書が作成されることが多くなり、要領調書を作成する事件は減っているようです（逐語の方が証言のニュアンスが読み取りやすいこと等が理由にあるようです）。もっとも、全ての事件で必ず逐語調書が作られるわけではないので、要領調書の形とされるおそれがある場合には、「今のやりとりの部分については逐語の形式で調書を作成してください」と申し出るのも一考です。

　なお、簡易裁判所の民事事件では、尋問調書の作成が省略され、尋問時の音声データだけが残されることがほとんどです（規則170 Ⅰ・Ⅱ）。この場合に尋問の結果を書面化するには、音声データの複製を受け、自分で反訳業者に依頼するなどしなければなりません。

主尋問が終わったら、相手の反対尋問に全神経を集中しなければならない。相手はあなたの成果を台無しにしようと目論んでいるのだから。

第3章　主尋問　139

反対尋問を想定した主尋問準備を

　主尋問準備では、組み立てた質問にいかに上手く答えさせるかに意識が向きがちですが、相手方の反対尋問への効果的な防御策の構築も重要です。

　質問に対する異議も現場での防御のツールになるのですが（5章）、証人等自身が大崩れしたのでは元も子もありませんから、やはり反対尋問それ自体に対する事前準備が必要です。

　「相手方の挑発に乗ってはいけない」「『自分がわからせてやろう』と考えてはいけない」「訊かれていないことまで答えてはいけない」「わからないことを断定的に口にしてはいけない」といった点は、**反対尋問対応の基本的・一般的な事項**ですが、証人や当事者は忘れがちなので、繰り返し説明し、理解をしてもらいます。

　また自分が相手方代理人ならばどう訊くかという視点で、相手方の質問内容を想定しておきます。このときに大事なのは、訴訟手続上明らかになっている事実や証拠だけでなく、あなたの側があえて言及を避けている（あるいは詳らかにしていない）不利な事項が不意打ちで訊かれた場合を想定することです。不利な事項が不意に現場で突かれた場合、その場で上手く切り返すことはまず不可能なので、再主尋問で不格好な形でリカバリーを目指すしかなくなります。

　想定質問にどのように回答するかを決め、証人等との打ち合わせで説明し、軽く練習をしておきます。主尋問準備では、主尋問・反対尋問それぞれの予行演習が必要になるというわけですが、これがあるのとないのとでは、証人等の安心感や余裕に有意な差が出ます。

　また、証人等による意識的な虚偽供述の場合よりも、**代理人によって作られすぎた主尋問の方が反対尋問で崩れやすい**ことも覚えておいて損はありません。

　見せ方を意識するあまり、証人等の記憶や表現のレベルと乖離した、ドレッシングされすぎた主尋問を展開することは、反対尋問対策としてはマイナスだということです。

第4章

反対尋問

CHAPTER.4

01 反対尋問の目的と到達すべき点

01. 立証上の位置づけ

　反対尋問も、主尋問と同様、何のためにするのか（目的）、どの程度まで到達すべきか（到達すべき点）の2点をそれぞれ意識しておく必要があります。

　反対尋問は、**尋問の申出をした当事者の相手方による尋問のこと**をいいます（規則113Ⅰ②）。主尋問と同様、その証人等をどちらが申請したかで主尋問か反対尋問かが決まるので、本来、その供述内容がいずれに有利であるかとは関連がありません。ただ、普通は自己に有利な証言を引き出せる者を申請するはずですし、そうあるべきです。その結果、反対尋問は**自分にとって不利な供述をする人証に対して行う**ことが多くなります。

　反対尋問は、**主尋問での供述の信用性を減殺するために**行います。目的は、それ以上でも以下でもありません。

主尋問では、（立証責任を負うか否かにかかわらず）証拠調べを請求した当事者がその人証を取り調べることにより証明しようとする具体的事実のことを「立証すべき事項」(規則114 I ①)ないし証明すべき事実（要証事実）と呼ぶと書きました(→3章1)。ところが、反対尋問をする側は、その人証を申請した側ではないので、その人証によって「立証すべき事項（要証事実）」というものがあるわけではありません（立証したい事項があるのであれば、自分でもその人証の取調べを申請することになります。→本章2 - 2)。

　つまり、本来、反対尋問は自分の立証のために行うものではなく、またそのような効果を期待して行うものでもないということになります。これは反対尋問が「主尋問に現れた事項」等について行うものとされていること(規則114 I ②)にも現れています。

　巧みに質問して**相手方の証人等の供述を自分に有利なように覆させたり、自分の側が主張する事実を認めさせたりといったことが目的ではないのです。**

　感覚的な表現になりますが、仮に主尋問で相手方が70 ～ 80点くらいの証言を引き出せたとすると、反対尋問ではそれをできれば0点に、それが無理でも40 ～ 50点にというように、主尋問の成果を引き下げることを目指します。80点の証言を無理に「マイナス80点」にするために行うものではありません。

　この点を見誤ると、的の外れた反対尋問を繰り返し、反対尋問自体に苦手意識を持ってしまう原因となります。

　少し視点を変えてみましょう。

　「反対尋問は難しい」とよく言われます。ではいったい何が難しいのでしょうか。

　よくある誤解は、証人や相手方本人を切り崩し、**自己に有利な供述を引き出せる人、証人等に自身の供述の矛盾を認めさせることができる人**が、反対尋問の巧者であると捉えてしまうことです。

　確かに、尋問で我々は質問の内容や組み立て方を工夫して、証人等か

第4章　反対尋問　143

らより有利な供述を引き出そうとするはずです。

　特に反対尋問では、主尋問での答えを予測して準備し、巧みな質問の順序・配置で外堀を埋め、供述者の説明の矛盾を露呈させようとするでしょう。

　そのような準備が奏功し、法廷でもよいリズムが得られ、供述者自身に決定的な矛盾供述をさせることに成功したとしましょう。まさに「語るに落ちた」という言葉の意味を実感する瞬間です。その強烈な成功体験が、「今日の尋問はうまくいった」「自分は尋問が上手い」という主観的な評価につながったとしても不思議はありません。

　ところが、冷静に見ると、映画やドラマと違い、質問者がテクニックを駆使し、反対尋問で自分の側に有利な矛盾供述を引き出して勝てる、なんていう事案はそれほど多くはありません。そしてそれが難しいだけに、「反対尋問は難しい」と間違って捉えられる面はあるように思います。

　そのような、**得られるか否かが一定しない結果を尋問の巧拙の指標として捉えること自体が間違い**なのです。

　では、**反対尋問の本当の難しさ**はどこにあるのでしょうか。

　私は、

①　事前の主尋問の内容予測に限界があり、現場（法廷）での判断が要求されること

②　反対尋問でどこまで突っ込めばよいかの判断が難しく、出来・不出来が経験に左右される度合いが主尋問よりも大きいこと

この２点にあるのではないかと感じています。これらはどちらも普通、主尋問にはない視点です。

　反対尋問の目的を（先に書いたような）「テクニックを駆使して相手方証人等から有利な証言を引き出すこと」と誤って捉えていると、上記①・②のような難しさを認識できなくなってしまいます。そういった場合、突くべき点を大きく外したり、不用意に踏み込みすぎたりといった、**典型的な「よくない反対尋問」**になってしまいがちです（→本章5）。

　もう一度言います。

反対尋問の到達すべき点は、あくまでも**相手方証人等の供述の信用性を減殺すること**にあります。

02. 裁判所はどう見ているか

　主尋問と異なり、反対尋問では「成功して当たり前」という見方は、裁判所にはありません。

　そもそも、反対尋問はその人証によって立証すべき事項がない側が行うもので（規則114Ⅰ①・②参照）、それが「成功」するかどうかは、尋問者の技量だけでなく事件のスジやその人証が認識・体験した内容自体に大きく左右されます。それゆえ「反対尋問は成功して当たり前」とは言えないのです。

　とはいえ、本来成功するはずの反対尋問が準備不足や不用意な突っ込み方で台無しになるというケースももちろんあり、当然、その結果は判断にも影響します。

　なお、人証は（一応）その必要性が吟味された上で採用され、多くの場合、尋問前に陳述書が証拠として提出されています。そのため、主尋問ではその人証とそれにより立証すべき事項（具体的な要証事実）の関連が比較的明確で、尋問手続の中で質問の内容がこれと大きくズレていくということは本来想定されていません。

　ところが、反対尋問の場合、反駁すべき内容を主尋問の結果に応じてその場で構築しないといけないことも多く、その結果、的を外した質問を連発してしまうといったことが起きます。「反論のようでいて、よく聞くと反論になっていない」という状況になってしまうのです。

　これが「反対尋問で手応えを感じたのに、判決ではイマイチ評価が伴わなかった」という残念な結果が生じる原因の一つになっています。

03. 反対尋問と最終準備書面の主張の使い分け

　反対尋問の際に、もう一つ意識しておかなければならないことがあります。それは、**反対尋問と最終準備書面の使い分け**です。

第4章　反対尋問　145

先に見た反対尋問の立証上の位置づけにも関わることですが、**反対尋問は主尋問で現れた供述の信用性を減殺するところに主眼があり**、決して、尋問対象者にその認識や供述の誤りや立証上の不足を認めさせることを目的としていません。

　一般的には、尋問の場で、相手方の証人等の供述の矛盾を指摘し、不合理な弁解をさせたり、しどろもどろにさせたりすることで、供述の信用性を大きく減殺できるようなイメージがあります（少なくとも依頼者はそこを期待しているでしょう）。それとは逆に、多くの場合、裁判官は矛盾供述の有無には関心を寄せるものの、その先のパフォーマンスにはさほど興味を向けていないという印象があります（このことは、多くの裁判官が、補充尋問でも淡々と事実を聞くに止め、証人等の証言の矛盾を突くところまで踏み込まないことにも表れています）。

　特に、尋問の結果現れた主尋問の不合理さ（自己矛盾、不合理な変遷など）や主張、客観的事実との乖離については、反対尋問中で指摘して弁解を許すよりも、最終準備書面で一方的に指摘する方がスマートかつ有効な反撃になる場面が多いでしょう（尋問後のことですから、相手方はさらに供述を引き出してリカバリーするということができません）。

　反対尋問では矛盾供述や不合理な供述であることを浮き上がらせるに止め、それを尋問後の**最終準備書面で回収して叩く**という使い分けは常に強く意識しておくことが肝要です（最終準備書面の使い方→8章）。

堅固な城の中から矢を放てるのに、不用意に打って出て討ち死にする、そういった戦い方を誤った反対尋問はしてはならない。

CHAPTER.4

02 反対尋問の準備

01. 反対尋問準備の重要性

　反対尋問の難しさには①「現場での判断が要求される」、②「どこまで突っ込むかの判断が難しい」、という主尋問にない2つの点があると書きました（→本章1-1）。

　とはいえ、**尋問前の準備が尋問の良否を決するほど重要**であるという点は、主尋問の場合と何ら異なるものではありません。また、逆説的ではありますが、①「**現場での判断が要求される**」という難しさは、事前の準備を入念に行うことである程度カバーできるものです。

　ただし、反対尋問の準備で必要とされる内容は、主尋問の場合とは全く異なっています。

02. 証拠採否時の注意点

❶ 敵性証人、相手方当事者の申請の要否

　民事訴訟で当事者に当然に保障されている尋問は、主尋問、反対尋問、再主尋問の3つです(規則113 I)。さらに質問を続けようとする場合(再反対尋問、再々主尋問等)には、裁判長の許可が必要です(規則113 II)。

　そして主尋問、反対尋問、再主尋問では質問できる内容がそれぞれ以下のように限定されています(規則114 I)。

主　尋　問：立証すべき事項及びこれに関連する事項

反対尋問：主尋問に現れた事項及びこれに関連する事項並びに証言の信
　　　　　用性に関する事項

再主尋問：反対尋問に現れた事項及びこれに関連する事項

　このように、**反対尋問以下では、主尋問に現れた事項が質問できる内容を画していく**こととなります(陳述書は主尋問で援用されますから(→3章5-4)、陳述書に書かれている内容は、主尋問の質問や回答に具体的に現れなくても「主尋問に現れた事項」に属すると見ることができるでしょう)。

　尋問の現場で持ち出されるトピックの全てについて、明確に上記の「質問できる内容」に当たるか否かが区別できるわけではありませんし、「関連する事項」というのも境界を不明確にさせる表現です。そのため、この「質問できる内容」に当たるか否かは、それほど厳密・精緻に判断されるわけではありません(特に、立証すべき事項を有する側が行う再主尋問では反対尋問で現れた内容に限るという厳格な取扱いはほとんどとられていません)。

　結局のところ、**この質問できる内容は反対尋問の場合にもっとも強く意識される**ことになります。要するに、あなたが反対尋問で質問した内容に対して、相手から「主尋問に関連しない質問だ」として異議(規則114 I・II)が出されるおそれがあるということです(この異議につき→5章1)。

「これまで主張や書面で出てるんならそんなに目くじら立てなくても…」という気もしますが、陳述書でも尋問事項でも現れていないため尋問に際して準備を求められていない事項に対して反対尋問で突かれることは不意打ちに当たると考えると、これはやむを得ないところです。

❷ 双方申請を行うべき場合

あなたが相手方申請の人証に、相手の主尋問の内容にとらわれずに質問したいというときは、あなたの側もその人証を申請しておく必要があります（いわゆる**双方申請**）。

これが採用されることで、**相手方の尋問もあなたの尋問も両方主尋問**という扱いになり、それぞれの要証事実に沿っている限り、相手方から「主尋問の内容に関連しない質問をするな」という異議が出るおそれはなくなります。

これはどういったケースが考えられるでしょうか。

例えば、交通事故の事案で原告が事故発生状況を引き出すために被害者である原告本人を申請したとします。このとき、証拠申出書の尋問事項にもっぱら事故発生状況のことしか書かれていないのであれば、主尋問でも事故発生の経緯や具体的状況等に集中した質問が行われることになるだろうと予測がつきます。

この場合、原告の休業の事実やその必要性について争っている被告の代理人としては、事故当時や事故後の就労状況、ケガの内容、生活実態等についても原告に訊きたいと考えるはずです。

しかし、これらが主尋問（ないしそれと一体をなすと見られる陳述書の記載）で触れられていない以上、反対尋問で質問しようとすると原告から異議が出されるおそれがあります。

こういった場合に、**「事故時の稼働状況、事故後の就労・生活状況、傷病の治療経過」**等を尋問事項として、**被告の側からも原告本人の尋問を申請する**ということが考えられるのです。

実際には、人証から必要と思われる事項をできるだけ引き出しておきたい裁判所としては「主尋問に現れた事項及びこれに関連する事項」を

ある程度広く解するか、あるいは反対尋問の範囲をゆるやかに認めることが多いと思われます。条文上も、主尋問に関連しない質問が直ちに禁じられるものではなく、「相当でないと認めるとき」に限って裁判長が質問を制限できると定めているにすぎません（規則114Ⅱ）。

　ですが、反対尋問の途中でペースを乱す横ヤリを入れられるのを防ぐため、また自分が独自に訊きたい内容についてもきちんと尋問時間に反映してもらうために、双方申請を行うべき場合があるということです。

❸ 補充尋問に範囲の定めなし

　主尋問や反対尋問、再主尋問と異なり、裁判所の行う**補充尋問についてはその範囲を画する定めはありません**。そのため、補充尋問では、当事者による質問で未だ現れていない事項についても質問できるものと考えられています。

　裁判官の中には、当事者による質問内容と大きく離れた事項について裁判所が積極的に質問することには抑制的であるべきというスタンスの方もいます。これは交互尋問の基本原則（民訴202Ⅰ）からすればごく自然なことなのですが、実際は補充尋問に対するスタンスは裁判官ごとのキャラクターや訴訟指揮観に大きく左右されるという印象があります。判決を書くのに必要な事項なのに、当事者がどちらも訊かないときには、「それなら私が訊くほかない」となることも十分考えられます。

　また、自ら補充の質問を行わない裁判官でも、代理人に対して「○○の点の質問は訊かなくていいですか」と誘導することがあります。

　こういった発言は、**裁判官の心証や判断の力点（あるいは作用点）がどこに置かれているかを推し量るための貴重な情報**です。また誘導された事項は裁判所が重要と考えて助け舟が出されているわけですから、訊き漏らさないようにしたいものです。

❹ 反対尋問の申請時間

　人証の採否の場面では、主尋問のほか、反対尋問についても見込み時間を尋ねられます。

　この場合、どの程度の時間を申請しておくべきでしょうか。

例えば、主尋問の申請時間が 30 分以下というように比較的短く、また内容的に反対尋問で深く突っ込まなければならない事項がなさそうだという場面であれば、**主尋問の申請時間の半分から 3 分の 2 程度の時間**を申請しておけば足りるでしょう。

　一方、主尋問が陳述書に沿う形で比較的短い時間で終わる場合であっても、事案によっては、反対尋問で種々の証拠を示して多くの質問を行わないといけないというケースもあるでしょう。

　そのような場合には、30 分の主尋問に対して、同じく 30 分、場合によっては 45 分といった時間を申請することもあり得ます。

　反対尋問だからといって、主尋問よりも短い時間で行わないといけないというルールはありません。

　とはいえ、尋問申請の場面と同様、裁判所には「この事案で、主尋問がこれくらいの時間なら反対尋問はこの程度だろう」という目算があるのが普通です。裁判所の心づもりとあなたの主張する反対尋問の見込み時間が大きく異なっているとその擦り合わせが必要になります（裁判所からストレートに「そんなに必要ですかね」といった発言が出ることもあります）。

　そういった場合、あなたとしては、なぜその程度の時間が必要になるのかについてある程度納得のいく説明ができなければなりません。

03. 尋問の手控え・時系列一覧表の作成

　反対尋問でも、**尋問の手控え**（反対尋問の際に手元で参照するため、質問事項を順序立てて記載したメモ）、**時系列一覧表を作成しておいた方がよい**でしょう。

　時系列一覧表を作る意義や作り方については主尋問の場合（→ 3 章 4）と同様です。

　これに対し、尋問の手控えの方は、作り方、使い方ともに主尋問準備とは異なる工夫が必要です。

　反対尋問では、通常、事前に証人等と面談しての尋問テストができる

第 4 章　反対尋問　151

はずもなく、また尋問期日の直前に提出される陳述書の内容がそのまま尋問で再現されるわけでもありません。

そのため、反対尋問は主尋問で引き出されると思われる内容を想定しながら行うことになりますが(→本章3)、深く検討していくと「考えられる複数の答えのパターンのうちどちらの答えが出るかがわからない」質問・トピックというのが必ず出てきます。

その場合、**ある程度、証人等の答えの場合分けをした上で、次の質問へのつなぎ方を考える**ことになります。

また、反対尋問では、「尋問の手控えの中で訊くべき事項として挙げていたが、主尋問で先に訊かれて答えが出てしまった」という質問も出てくるでしょう。そういった点をあなたが反対尋問で繰り返す意味は普通、ありません(反対尋問での質問の流れの中で前提として確認しておきたい場合などに軽く触れる程度でしょうか)。

そこで、反対尋問では、主尋問を聴いている間に、重複する質問を予定質問事項の中からどんどん削除していき、質問相互のつながり、先後関係の適否等を確認・調整するという**尋問手控えの修正作業**が必要になります。

「主尋問よりも不確定要素が多い」ということは、より一層の準備が求められるということである。

【資料】反対尋問の手控えの例

主尋問で答えが出た質問
は削っていく。

事故後は
夫が運転している。

事故直後、キズに気付かず
→Dで見てもらったときに指摘された。

被告乙野次郎
（主尋問：３０分，反対尋問：２０分　　14：25　～　14：45　）

【乙５・被告の陳述書添付の事故状況図を示す。】
・この図面は誰がいつ作ったものですか？
　→
　※ここ詳しく。

陳述書作成時、Y代理人が
聴き取って作成したと

【乙５・被告の陳述書１頁目を示す。】
・「２」の第２段落の２行目でいきなり「**私は，原告車両の動静を注視しつつ**」とあり
ますが，あなたが原告車両を最初に発見したのは，あなたの車がどこにいたとき
ですか？
　→
　※この「原告車両の動静を注視しつつ」というのは「右折の準備をしました」の
　　際とのこと。②より前（準備書面（２）２頁）。

・その最初に発見したとき，原告車両はどの位置にいましたか？
　→
　※停止線手前？交差点内に進入中？
　※陳述書（乙５）では，「この地点で，進入先の道路に，原告が運転する車両（以
　　下「原告車両」といいます。）の存在（添付図面⑦の地点）を確認しました。」
　　とある。

停止線手前
ウインカー記憶なし

【乙５・被告の陳述書の１頁目「２」の上から４行目以下を示す。】
・「**この地点で，進入先の道路に，原告が運転する車両（以下「原告車両」といいます。）の
存在（添付図面⑦の地点）を確認しました。**」とありますが，このときの原告車両は
動いていましたか？停まっていましたか？
　→
　※乙５図面では停止線直前。停まっていたのでは？
　※準備書面（３）の２頁のその後の部分で，「３　原告は，左折を開始しました
　　（乙５添付図面④の地点）。」，「原告車両が左折を開始したので」とあるので，
　　それまでは停まっていたはず。

・この⑦の地点での被告車両はウインカーは出していましたか？
　→左のウインカーを出していました。　ウインカー覚えていない！
　　※左のウインカーを出していないとおかしい。左折することを被告がわかった
　　　というのだから。

　→ウインカーは出ていませんでした。
　　・あなたはこのときどうして「原告車両が左折をしようとしている」と思った
　　　のですか？

・このときの原告車両の位置は，乙５添付図面の⑦の位置で間違いないですか？
　→

☆このとき運転席のXは
どっちの方向を見て
いましたか？

・あなたが右折する先の道路は幅はどのくらいですか？
　→
　※乙５の図面では幅員５．０mと。

・あなたの右折前，対向車はありましたか？
　→

（以下続く）

常にはサイドミラー見ない

☆「大きい角を曲がるときは
ミラーも見て，目でも見て…」
→具体的には？？

主尋問中に，反対尋問で追加で訊くべき事項
が出てきたら，その都度質問を加えていく（☆）。

☆【乙２，車両調査報告書１頁目】
この一番上に「装備品」「外装」で
「DR」とありますね？

第４章　反対尋問　　153

CHAPTER.4

03 反対尋問のための「読み」を磨け

01. 主尋問の深さを読め

❶ 主尋問の深度に反対尋問も合わせるのが基本

　反対尋問の準備は、**主尋問でどのような答えが出てくるかを想定する**ところから始まります。

　想定の材料として、それまでの相手方の主張や申請時の尋問事項書、陳述書といった情報が予め与えられているので、全体像をつかむことはそれほど困難ではないはずです。

　主尋問の想定でまずするべきことは、**相手方の主尋問全体の深さを予測する**ことです。

　主尋問は、比較的浅めに陳述書をなぞる形で進められる場合もあれば、より深くディテールまで掘り下げて訊く形がとられることもあります。

　例えば、主張は大仰な内容を展開しているけれども、実際に人証から引き出せる情報が多くないために型どおりの主尋問をするだけというパ

ターンなのか、それとも証人に陳述書には書かれていない重要な事実、核心的な事実を際立たせるエピソード等を中心に語らせるパターンなのか、といった具合にです。

　こういった「主尋問でどの程度深く訊くか」という点は、その証人等の属性（職業や年齢など）、性格、事件への関わり方や代理人の経験・力量、そして予定されている尋問時間によって異なってきますが、これらの要素は当然、こちら側の準備にも影響します。

　一般的に言って、主尋問の内容が浅い場合、反対尋問で深入りすると、かえって相手方の主張を固めてしまうことになることが多く、その場合、**浅めの水位で証明力を減殺する戦法**の方が適しています。主尋問が浅いということは、より深い部分に埋まっている内容を推測する根拠・手がかりが少ないことを意味しますから、質問に対する答えの予測が難しく、これはそのまま反対尋問での攻めづらさに関わってきます。

　その一方で、「主尋問が浅い」ということは、それだけ**相手方の立証も抽象的で迫真性に乏しい**ものになりがちです。そこで、やみくもに深みに切り込んで、あるのかないのかわからない矛盾や齟齬を引き出そうとするよりも、同じ浅瀬にとどまり主尋問の結果の不十分さを印象づけるという戦略の方が適していると言えます。

　ただし、このような反撃は反対尋問ではなく、最終準備書面で行うべき場合も多いでしょう。

　逆に主尋問の内容が深い場合、その主尋問で現れた内容が信用性を減殺すべき対象になるわけですから、反対尋問もその深さに合わせて組み立てるべき、ということになります。

　このような**「主尋問の深度に反対尋問の深さを合わせる」**というのは、やや比喩的ではありますが、どこまで踏み込むべきか判断しづらい反対尋問において一定の指標になりうるものです。

❷ 基本とともに例外をおさえる

　もちろん例外的な場合もあります。

　例えば、既に相手方の主張や客観証拠で相当に具体的な内容が出てい

るにもかかわらず主尋問が「浅い」場合、そこには主尋問で深く訊くことがはばかられる事情が埋まっていることが考えられます。明示的に修正・リカバリーしづらい事実誤認が見つかったり、あるいはそもそも主張内容自体が大きく装飾されているために主尋問でその裏付けが十分にそろえられそうになかったり、といったケースが考えられます。その場合には、「浅い主尋問」であってもあえて「深い反対尋問」をぶつける意味が出てきます。

逆に、「深い主尋問」であっても、その深い部分がそもそも立証事項と無関係であったり、立証事項の設定自体が適切でないために生まれた不要な質問であったりという場合には、反対尋問でそのような内容に付き合う意味も必要もありません。

反対尋問をする側にとって当惑させられるのは、それまでの主張や陳述書に現れていない事実、自分の依頼者等から聞かされていなかった事実といった、**「聞いてなかったこと」が主尋問で出てくるパターン**です。

相手方に決定的に不利な事情は、もっともインパクトのある形とタイミングで出したいというのは原告も被告も同じなので、尋問に向けて(いかにも「あとから取って付けた感」が出ないような形で)隠し球を用意しておくということは実際にある話です。

そういった事実は、相手方の立場から予測することが難しいわけですが(だからこそ隠し球になりうるのです)、尋問準備の段階で依頼者等とともに、そういった事情がないかを改めて検証しておくことはやはり重要と言えます。具体的には、**客観的な証拠や事実を精査**し、それと自らの主題に**矛盾・齟齬がないかを常に批判的に検証**し、それがある場合には**十分な「擦り合わせ」**を行うということに尽きます。これは尋問準備というよりも、主張立証全体に共通してとるべきスタンスです。

また、主尋問で現れた具体的なエピソードに対して反対尋問の場で有効に反撃を加えるには、事実関係や証拠構造を正しく理解し、きちんとあなたの頭で整理されていなければなりません。

要するに、**深い主尋問が想定される場合には、深い反対尋問の準備が**

必要だということです。主尋問の深さを見積もることには、こうした反対尋問の方向性や踏み込むレベルを予測しておくという意味があるのです。

02. 相手方の自己認識の内容を読む

相手方が自分の弱点に気付いているかどうかという点も準備の段階で想定しておくべきことの一つです。

例えば、主張や証拠を一つ一つ付き合わせていくと、**相手方の主張と証人等の陳述書の内容矛盾に気付く**ことがあります。こういった点は正に反対尋問で突くべき対象になるのですが、相手方がそれに予め気付いて、先に陳述書や主尋問で訂正されてしまうと矛盾による不自然さのインパクトは事実上大きく削がれてしまいます。

これ自体は仕方のないことなのですが、そういった矛盾点の指摘を骨として反対尋問を組み立てていると、主尋問で先に矛盾点を処置されてしまった場合、反対尋問で訊くことがなくなってしまい、逆にリズムを狂わされてしまうおそれがあります。それでも、訂正された「誤り」が一度生じた経緯や訂正の合理性などにスポットを当てて尋問をするということは考えられるのですが、準備なしに、現場で質問の再構成をするのは至難の業です。

反対尋問で攻めようとしている相手の弱点が主尋問で処置されてしまう可能性がある場合には、相手の主尋問での出方を予想し、それに適した形で反対尋問での質問を修正できるよう準備しておきます。

例えば、証人等の陳述書に時間の先後関係の明らかな矛盾があり、これを前提とすると相手方の主張が破綻してしまうという場合、主尋問の中で陳述書の内容が訂正（→ 3 章 5 - 4 ❹）される可能性があります。このときには、間違いが生じた理由が何か（記憶違いや記載の間違いなど）を推測し、さらにその点についての攻撃（記憶違いの内容が不自然、訂正するとむしろ前後の記載との矛盾を生じる、など）が可能かまでを検討し、先に修正されたときに備えた質問の仕方を考えておきます。

第 4 章　反対尋問　**157**

効果的に働けば、主尋問での弱点の処置があっても信用性減殺の効果をある程度維持できるはずですが、これも予めの準備にかかっているのです。

03. 相手方の主尋問の間の準備

❶ 必ずメモを取る

相手方の主尋問が行われている間は**必ずメモ**を取ります（→1章6-6）。これは、人の記憶力が非常に不確かなものだからです。尋問の流れの中で主尋問で現れた事項を正確に覚え、頭の中で追加の質問事項を考え、反対尋問の場で過不足なく引っぱり出すという一連の流れを、記憶力だけで行うのはかなりの困難を伴います。

また、前述のように、質問事項として挙げていたものでも、主尋問で先に訊かれたり、弱点を先につぶされたりといったことが出てきますから、順次、尋問の手控え（→本章2-3）上で質問の削除や修正を行っていく作業も必要です。

それと並行して、新たに反対尋問で訊くべきポイントが出てきた場合には手控えに手短にメモし、目立つマークを大きく付けるなどしてあとの反対尋問で訊き漏らしをなくす工夫をしておきます。

こういった現場での記述作業はあなたの記憶力を補完するために行うものですが、それにとどまらず尋問調書の内容を検証してその後の主張の材料とできるほか、**尋問後にあなたの尋問スキルを見直す格好の検証材料にもなります**。

❷ 必ず証言台へ足を運ぶ

相手方が裁判長の許可を得て証人等に文書等を示す場合（規則116Ⅰ）、あなたも必ず証言台まで立って行き、示される資料や証人等が確認している部分を確認しなければなりません（→1章6-7）。

これはなぜでしょうか。

証言台で相手方が証人等に証拠などの文書等を示しているときに、あなたが悠長に自分の席に座ったままだと、相人等の目の前で実際に示さ

158

れている資料の内容がわかりません。

　例えば、あなたは手元の資料（証拠の副本など）を参照できるとしても、実際に証人等が示されている位置を正しく確認できているか否かは、代理人席に座っていたのではわからないのです。その結果、知らない間に質問と合わない答えがなされてしまうおそれがあります。

　また、相手方が示している書類等には、証人等の証言を誘導しうる書き込みや付箋の貼り付けがされているかもしれません（悪意はなくても、そのような書き込みや付箋は主張の検証や尋問準備で生じうるものです）。

　そのような**不当な誘導になるような記載などがないかを確認する上で**も、証言台に足を運んで資料を直接確認することには重要な意味があります。

　代理人は証拠を示すとき、手元にある控えや副本を用いることが多く、裁判所もそれについてあまりうるさく言わないものです。しかし、供述の誘導になるような記載などがある場合には、原則どおり裁判所が持っている原本を用いて示すよう求めたり、書き込みや付箋がない状態で示すよう求めたりといった対応が必要です。

❸ あなたが一人のときはどうするか

　代理人があなた以外にもいる場合には手分けして担当できるのですが、一人でメモを取り、質問事項をブラッシュアップし、その上証言台への立会いもやろうとすると、正直大変なこともあります。

　示される文書等の内容確認は重要ですが、メモ・質問事項の修正も反対尋問の準備にとって非常に貴重な作業です。手が回らないときは、示される文書等の内容や示され方を考慮して、どちらを優先するべきかを考えましょう。

　なお、質問する側は、時計を確認しているつもりでも時間の把握がおろそかになりがちです。主尋問の大幅な時間超過はあなたの反対尋問にも影響してきますから、あなた自身も主尋問の開始時刻と終了予定時刻を確認し、**予定時間を大きく超えるようであれば裁判所に質問を終える**

第4章　反対尋問　**159**

よう訴訟指揮を求めるべきです（必要であれば、主尋問が時間を超過した分に合わせて反対尋問の時間の伸長を申し出ます（→3章7-6）。

❹ 反対尋問のポイントを見定める

さて、主尋問を聴いている場面では、どのような点に注意して反対尋問のポイントをつかんでいけばよいのでしょうか。

ここで、主尋問のところでお話しした「橋と橋脚」の話（→3章3-2）をもう一度思い出してください。

主尋問で訊くべき事項を考える（尋問の手控えを作る）上で、切り取った**シーンごとに、最初と最後が間断なくつながる形で質問事項を並べていく作業が必要だ**という話をしました。

法廷での反対尋問準備の場面では、相手方の主尋問において上記のような「主尋問で架ける橋」ができあがっているかどうかという視点で検証します。

そうすると、例えば（抽象的ですが）橋脚がいくつか足りず、橋桁と橋桁が途絶えている部分があったりします。すなわち論理の飛躍ですね。本来、**「何がどうなった（誰がどうした）」「その後どうなった（どうした）」という形**で、間断なくつながるはずの事実の流れにある「隙間」を探すということです。

例えば、「相手から自分の認識と異なることを告げられたというのに、その事実を確認したり、反論したりしたという話が出てこない」というようにです。聞いていて、事実のつながりの悪さに何か心に引っかかるものがあるはずです。

ではそのような主尋問の中の**「橋桁の隙間」を見つけた場合、反対尋問で突けばいいのかというと、話はそう単純ではありません**。実は、ここが反対尋問を難しくさせている最大の要因です。

というのも、そのような**「橋桁の隙間」がなぜ生じているのかによって、反対尋問をする側が取るべき対応が全く変わる**からです。

まず頭に浮かぶのは「弱い部分だからあえて訊かないのではないか」「不利な事実が潜んでいるために意図的にぼかして訊いているのではな

いか」というパターンです（懐疑的ですが、弁護士としてはオーソドックスな発想です）。

　この場合であれば、**鋭く切り込んで供述内容の矛盾を突き、その信用性を弾劾する**方向の反対尋問をすればいいのです。

　ところが、「単に尋問の準備や要証事実の把握が不十分なために主尋問に穴が開いているだけ」というパターンもあります。

　この場合にその抜けた部分を反対尋問で訊いてしまうと、かえって証言を固めてしまい、相手方の立証すべき事項を強固なものとしてしまうという大きな問題があります。

　本来叩き落とすべき橋桁を相手方と一緒に持ち上げて橋脚に載せてやっているに等しく、そのような反対尋問は百害あって一利なしです。こうした場合には、**あえて反対尋問で触れず、隙間を隙間のまま放置しておく**方がよい、ということになるでしょう。

　３つ目のパターンとして、「あえて重要でないから訊いていないけれど、訊かれたら矛盾なく合理的・説得的に答えられる」というパターンもあります。これも反対尋問で切り込むことで、**主尋問の立証すべき事項を固めてしまう**うれしくない効果があります。ですが、そのような事実はたいてい、既に主張書面や陳述書等に現れていることが普通なので、答えが予測不可能ということは多くありません。

　事案をよく理解し、また証人等のキャラクターや相手方代理人の習熟度、事案をどの程度理解しているかといった点をよくつかめていれば、「橋桁の隙間」が３つのうちどのパターンなのかの判断はしやすくなるはずですが、それでも完璧にできるとは限りません。

　反対尋問の難しいところです。

　事実関係の深い把握は準備を尽くせば何とかなります。

　ところが、反対尋問中、個々のポイントで押すべきか引くべきかというその場その場での判断の力は、経験に左右される度合いが大きいのです。

　不用意に突っ込んで逆に固めてしまったり、躊躇して引いてしまった

第４章　反対尋問　161

りということが生じます。だから**反対尋問は難しい**のです。

その難しさにどのように取り組むかという点については、次の項で触れます。

「反対尋問は難しい」ということは、本や研修の知識だけでなく、一度は身をもって体験しておくべきである。

CHAPTER.4
04 | 反対尋問のテクニック

01. どのような形で切り込むべき事案か？

　反対尋問の難しさ、おぼろげにでもわかっていただけましたでしょうか。「だったら、どうすればいいのか」というのは、極めて真っ当な疑問です。それに答える意味で、反対尋問で使える具体的なテクニックを見ていきたいと思います。

　反対尋問で突くべきポイントが見えてきた場合でも、そこに対してとるべき攻め方は決して一様ではありません。

　例えば、主尋問での供述について決定的な矛盾を示す証拠や客観的事実を提示できるという場合、すなわち、**予め「隠し球」を持っているという場合**があります。

　それとは別に、証人や相手方本人の供述全体の信用性を減殺するには至らないけれども、その中の誇張した部分や断定的表現について「大げさであること」「不明確であること」を指摘し、**信用性の部分的な減殺**

第4章 反対尋問　163

を試みる反対尋問が求められる場合も多くあります。

この両者では、反対尋問での切り込み方が全く違います。

被告車両の速度を「かなり速い速度だった」と答えた目撃証人について、「かなり速い」という認識・評価の適否・合理性を争うのか、それともその証人自体が嘘をついており証言全体に信用性がないと争うのか、この２つでは全く違った準備が必要だということです。

ここでも、**その反対尋問で到達すべき点を明確に見据えておく必要が**あり、これがないと傍から見て趣旨のはっきりしない、主尋問を固めるだけの反対尋問になってしまいます。

02.「押すか引くか」の現場判断

つい先ほど「押すか引くかのその場での判断の適否は、経験に左右される度合いが大きい」と述べました。

これ自体は本当にその通りなのですが、尋問の本で書く内容として「経験を積め」で終わるのではあまり意味がありません。

では「押すか引くか迷ったとき」にどうすべきでしょうか。

結論から言うと、どのような事案にも適用可能な「迷ったら押すべき」「迷ったら引くべき」といったゴールデンルールはありませんし、設定する意味もありません。

一つ一つ事件やその背後にある事実関係は全く違いますし、押すと不利な供述があふれ出してくるかどうか、それはそれぞれの事案によりけりで、これ自体は尋問者の経験や力量とは無関係だからです（代理人の側でできることは、依頼事件のスジの良し悪しを見極めて受任を決めるという程度です）。

だからこそ、**「押すか引くか」はその場その場での判断が求められる**わけですが、そのために押さえておくべきポイントは２つです。

まず、**①反対尋問での質問は主尋問以上に細かく刻んでいくこと**です。

気になることがらだからといって、ストレートに訊くことが適切だとは限りません。反対尋問でのそれは、さながら地雷原にスキップで乗り

164

込むようなものです。

　どういう答えが待っているかがわからない以上、いきなり核心に切り込むのではなく、できるだけ個別的、断片的な質問を繰り出して、**相手の答えの方向性を探る**ようにします。

　そして、もう1点は、②**まずそうなサインが見えたときに思い切って引くこと**です。

　例えば「相手の主張を裏付けるようなやけに具体的なエピソードの頭が出てくる」「こちらの質問内容を超えて事実関係の説明をしようとする態度を示してくる」などでしょうか。

　反対尋問は主尋問での供述の信用性を減殺するために行うものですから、それが難しい場合には続ける意味がありません。

　なお、「反対尋問でまずいと思って引いたのに、結局、再主尋問や補充尋問で同じ点について訊かれてしまった」というのも尋問ではよく経験するところです。

　相手方や裁判所にも問題意識に気付かれてしまい、結果として反対尋問が再主尋問や補充尋問の呼び水となってしまったというパターンです。これは反対尋問での訊き方や切り上げるタイミングがまずかったということも考えられますが、裁判官の訴訟観や尋問の具体的な流れによっては致し方ないことも多いのです。**相手方は「何か自分に有利な事実が拾えないか」という目で反対尋問を注視している上、裁判所もできる限り真実に近いところで判断したいと考えている**からです。

　あなたの質問の刻み方や引き方が適切なものであれば、中立・公正の意識の高い裁判官であれば、反対当事者があえて引いた部分について補充尋問でストレートに切り込むことはしにくいという心理が働きます。

　ところが、大股で不用意に踏み込んだ結果、ひとたび証人等から不利な供述が丸々飛び出してしまった場合には、このような自制は期待しにくくなります。

第4章　反対尋問　**165**

03. 反対尋問は追い込み漁だ

　証人等の供述の信用性を減殺しようとする立場からの質問であるため、どのような事案でも**「反対尋問は追い込み漁だ」**という意識を持っておくべきです。

　これは事案ごとに様々なケースが考えられますが、例えば交通事故の事案で、原告（被害者）の休業損害の発生が問題となっているときを考えてみてください。

　被告としては原告の主張する休業の事実や必要性を切り崩すために、それらと相矛盾する事情、例えば休業を余儀なくされたとする期間中に代車のレンタカーで長距離を走行しているという事実（代車料の請求明細など）を証拠上つかんでいるとします。

　ところがこれをストレートに質問でぶつけると「私ではなく知人が代わりに乗っていた」といった、裏の取りにくい虚偽の言い逃れを許してしまうおそれがあります。

　こんなとき、普通は本丸（「休業したとする期間中に原告が代車で長距離を走行していたこと」）に切り込む前に「原告以外の者がレンタカーを使用していた」という退路を断っておく必要があります。

　例えば、次のような質問を投げかけ、予め原告の逃げ道をつぶす答えを引き出しておくのです。

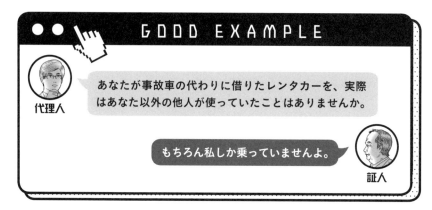

外形的には代車利用料の請求に理由があるか否かという質問に聞こえるため、原告としては自分が事故車の代わりに使用したもので正当な損害であると答えることになるでしょう。これは一例ですが、このように**予め周囲の退路を断った上で叩くというのは信用性を弾該する際の鉄則**です。

04.介入尋問のリスクを下げる工夫を

上記の例で、休業の事実や必要性が問題となっている流れの中でいきなり代車の使用関係について質問することは、傍で聞いているとやや奇異に映るかもしれません（特に、物損の処理は訴訟前に終わっていたという事情であればなおさらです）。

質問自体は、実際には休業の事実・必要性の有無という争点に関連しているので、決して制限される「争点に関係のない質問」（規則115Ⅱ④）ではありません。

ただし、そのような質問者の意図を知らずに聞いている者からすれば、ややもすると「なぜすでに終わっている物損の話を持ち出すのだ。人身損害と関係ないじゃないか」という印象を持ってしまいがちです。

ここで相手方代理人や裁判官から「その質問は争点と関係ないのではないか」という横ヤリが入ってしまうと、流れが断ち切られ、回答を得る前に質問の趣旨を説明させられるという非常に好ましくない展開になります。

このときのやりにくさは、一度でも実際に経験してみるとよくわかります。

意を尽くして、懇切丁寧に質問の趣旨や真意を説明したところ、相手方代理人や裁判官には、その質問が争点と関係する重要な布石としてのものであったことを理解してもらえたとします。

しかし、その時点では証人席に座っている人物にこちらの手の内がばれてしまっているわけですから、反対尋問の効果は大きく削がれてしまいます。

第4章 反対尋問　167

「質問の意図が裁判官にはほどよく伝わり、答える相手には気取られない訊き方」が反対尋問での優れた質問の仕方であると言われます。

よほどせっかちな人でもない限り、代理人の質問に逐一容喙しようとする裁判官は多くはありません。しかし、**張ったワナが巧妙すぎると、裁判官にも相手方代理人にも質問の趣旨・意図が伝わりにくくなってしまい、思わぬところから邪魔が入る**ということがあるのです。

特に裁判官から質問と争点の関連が不明だという指摘が入るということは、裁判官があなたの質問事項の立て方や尋問の進め方に少なからず違和感・不信感を感じ、質問の必要性に疑念を抱いているということです。テンポが悪いということも影響しているかもしれません。

このような事態は避けたいものです。

多くのまともな裁判官は、「よくわからないけれど、この代理人はなにか意図を持って布石を打っていっているのだな」と感じたら、質問の趣旨が多少不明でもとりあえず口を出すのは待ってみようと思うものです。

相手方代理人としても、自分の側が弱気に見られたり「触れて欲しくない部分があるのではないか」と邪推されたりしないかを気にするので、質問の意図を読み取れないままやみくもに異議を出すことはしにくいはずです。

そこで、あなたとしては質問の並べ方やつなぎ方（質問の間）、口調、証拠の示し方などで、質問が無意味かつ場当たり的なものではないこと、**予め準備してきた通りの流れであることを感じさせるよう工夫**しなければなりません。

先の代車使用料の例で言うと、休業に関する部分ではなくもっと早い段階、つまり事故発生状況を聞いた直後くらいのタイミングで、代車の使用関係を損害の正当性の一応の確認という形で訊いておくという方法が考えられます。

05. 反対尋問でとるべき態度

　反対尋問でも、主尋問同様、居住まいを正し、法廷や証人等に敬意を払うべきです（→1章6-10）。対立する立場の証人や当事者であっても、反対尋問では礼を失しない形で接しなければなりません。

　不遜であっても高圧的であってもいけません。ことさらに愛嬌を振りまく必要はありませんが、**いたずらに敵対心を持たれないような振る舞い方をする必要がある**ということです。

　ときどき、あえて証人等の気に触る質問の仕方で、**怒りを誘発しようとする反対尋問**を目にすることがありますが、私としてはその効果について懐疑的です。激高させて語らせることで、答えがねじ曲げられてしまうおそれがあり、そこで得られた供述をそのまま単純に受け取ってよいのかという疑問が生じます。また、そのような質問は傍から見ていても見苦しく、その点がかえって判断に悪影響を及ぼさないかという点も気になるところです（これは軽視できない要素です）。当然、質問に対する異議も招きやすくなります。

　単に依頼者へのサービスとして行うパフォーマンスは論外でしょう。

　反対尋問であってもできる限りあなたに対する**敵対心、警戒心を抱かせない形で進める方が、供述者の証言にバイアスがかかりにくくなり、結果として弾劾の材料となる有利な事情を導き出しやすい**ものです。

　ただし、反対尋問の際の質問の仕方、言い回し、振る舞い方については、事案の内容や証人等の年齢・当事者の関係等に照らしてその都度適切な方法を考えなければなりません。

反対尋問を難しいと感じないとすれば、よほどの自信家か、天才か、あるいは反対尋問をしていないかのどれかだと思う。

第4章　反対尋問　169

CHAPTER.4

05 ダメな反対尋問

01. 反対尋問に特有のダメさ

　反対尋問については、事例も戦法も様々で、押すべき場合も引くべき場合もあるため、実は**「どういったものが良い反対尋問か」を具体的一義的に論じることは難しい**のです。

　ですが、逆に「ダメな反対尋問」については、かなり明確な形があります。

　まず、これまで述べてきたような**尋問の一般的ルールに反する仕方の尋問（→1章6、3章6）は、そのまま全てダメな反対尋問の典型例**と言うことができます。

　具体的には、原則として禁じられる質問で正当な理由なく行われるもの（規則115Ⅱ、→1章4）のほか、冗長な質問、曖昧な質問、答えに相づち・オウム返しする訊き方、尊敬語を用いた質問（「〜されたのですか」）などです（→3章6）。

170

また、「ダメな主尋問」（→同7）で挙げたもののうち、朗読・宣言・スピーチ型質問、まとまりのない質問（→同7-2）、準備書面や陳述書をなぞるだけの質問（→同7-4）、時間を守らない尋問（→同7-6）などは反対尋問の場合にもダメな例として当てはまります。

そこで、以下では**反対尋問特有の「ダメな尋問」**について触れたいと思います。

02. 事前準備が不十分な尋問

ダメダメ度：😱😱😱😱😱

まず槍玉にあげられるべきは、事前準備が不十分な反対尋問です。

「尋問は準備が全て」とよく言われますが、これは主尋問・反対尋問いずれにおいても当てはまります（ただし、両者で求められる準備の内容や方法は異なります）。

しばしば法廷では、双方の主張や証拠構造、事件にまつわる事実経過の流れといった、きちんと準備していれば把握できているはずの事項すら頭に入っていないことがよくわかる反対尋問というものに出くわすことがあります。

そういった場合、準備不足は

① 示すべき証拠、出すべき異議がきちんと出せない。
② 事実の先後の理解を誤ったおかしな質問をしてしまう。
③ せっかく突っ込むべき場所が出てきたのに攻めきれない。
④ 引くべきところを見誤ってしまう。

という形で現れます。

特に事実関係や証拠構造の把握が十分でないために、相手方の明らかな誤導を見過ごしてしまうようでは、全く話になりません。

03. 答えを想定しない尋問

ダメダメ度：😱😱😱

反対尋問の目的は主尋問での供述の信用性を減殺することにあり、相

第4章　反対尋問　**171**

手方に供述を覆させることが目的ではありません（→本章1）。主尋問と異なり、予め尋問者が証人等と打合わせて設定した事項や期待する事項を答えさせるという手続ではないのです。

そして、信用性を減殺しようとする場合、内容が想定できない答えをアテにするわけにはいきません。

ですから、反対尋問では主尋問以上に質問の内容は厳選し、意味のない質問やどのような答えが返ってくるかの想定が困難な質問はするべきではありません。

事実、答えのわからない不用意な質問を投げかけてしまうことで、眠っていた「自分の側に不利な事実」を呼び起こしてしまったというケースは少なくありません。

相手の答えを想定できるということは、あなたがその質問をする意味を明確に捉えられているということでもあります。逆に言えば、相手がどう答えるかわからない質問は、そもそもその質問を投げかける意味があなた自身にも見えていないということでしょう。

なお、答えが2通り（ないしそれ以上）考えられるという場合には、どちらの答えが返ってきても質問をつなげられるよう場合分けをした上で、尋問の手控え（→3章3）にも質問の流れの分岐を設けるなどして柔軟に対応できるようにします。

04.「では次に○○について訊きます」

ダメダメ度：😵😵

反対尋問では、**質問の前に「次に○○について訊きます」というフレーズは原則として不要**です。これから何についてたずねるかを予め証人等に伝える必要はありません。

反対尋問では、証人等が尋問者に対して敵対的な態度をとることが多く、そのような場合、主尋問と異なり証人等にこちらの質問の趣旨や意図、答えてもらいたい内容が伝わることはかえって望ましくない結果となります。

こちらの**質問の意図が相手に伝われば伝わるほど、それと異なる回答を誘発してしまう**ということです。

　例えば、ある医療行為の適否が問題となっている事案で、原告代理人であるあなたが被告側の証人である医師への反対尋問で、「患者の症状経過が特異なものであった」という主尋問での証言を切り崩したいと考えていたとします（症状経過が特異であったか否かは、言うまでもなく医療者側の過失（予見可能性）に関わるトピックです）。

　普通であれば、「症状経過が特異ではなかった」ことをうかがわせる具体的事実を引き合いに出して質問を組み立てることになるでしょう。

　ところが、質問の背後にあるあなたの意図を察知すると、おそらく証人は被告を守ろうとして主尋問の証言結果をより補強する方向で答えようと思考するはずです。

　反対尋問では質問に対してできる限りフラットな姿勢で答えさせる工夫が必要で、そのためには、**できる限り質問の意図が相手に伝わらない訊き方**が適しています。

　反対尋問で「今から○○について訊きます」という前フリを挟むのは、尋問相手に手の内を明かし、無駄な予備知識を与えるものでしかありません。

　そのような前フリを多発する人は、裁判官に質問の意図を理解させたいという思いがあるのかもしれません。しかし、本来そのような**質問の意図は質問内容や質問の流れ自体で伝わるものでなければなりません。**それができているのであればそもそも前フリはいりませんし、逆にそれができていない（つまり突拍子もないその場で思いついたような質問が続く）のであれば、これまた前フリに意味はありません（むしろ「なぜ今ここでその質問が必要なのですか」という裁判所のカウンターを誘発するリスクがあります）。

　なお、主尋問ではこのような前フリを質問の冒頭に加えることがありますが、これも**自分側の証人等から意図する答えを引き出しやすくするため**です。

第4章 反対尋問　173

反対尋問であっても、証人等の理解力が低かったり、過度の緊張状態にあったりして、こちらの質問の外形的な意味（何を訊かれているか）すら理解しにくくなっているような場合には、例外的に上記のような前フリも有効といえます。

05. ぬりかべ尋問

ダメダメ度：😀😀😀😀

反対尋問で攻めても証人等が容易に崩れないとき、頑なに攻め続けると、かえって主尋問の証言をさらに固めてしまうことになります。

これは、相手の作ろうとしている壁を、わざわざ上から塗り固めているように見えることから、壁を塗る尋問（ぬりかべ尋問）と呼ばれ、古来、忌み嫌われる拙い反対尋問のカタチとして広く知られています。

繰り返しになりますが、**反対尋問の目的は主尋問での供述の信用性を減殺すること**にあり、相手方に供述を覆させることが目的ではありません（→本章1）。

そのような反対尋問の趣旨・目的をはき違え、格別の攻め手もないのにやみくもに突撃を繰り返す行為は相手を利するばかりです。こういった場合に「既にした質問と重複している」という異議（規則115Ⅱ③）があまり出てこないのは、相手方も立場を超えたあなたの努力に感謝しているからかもしれません。そのようなやりとりは、裁判所にも「主尋問側優勢」「反対尋問側劣勢」という印象を植え付ける要因となってしまいます。

突いても崩れそうになく、逆に相手の主張を強固にしてしまいそうな流れになった場合には、自分のダメージを低く抑えるため、**動揺を表に出すことなくスマートに退くべき**です。

06. ダメ押し尋問

ダメダメ度：😀😀😀

反対尋問で相手方から有利な答えが引き出せたときに、その答えを裁

判官に強く印象づけようとするあまり、つい同じ質問を繰り返したり、供述内容をまとめる質問を付け加えたりしてしまうケースがあり、これがダメ押し尋問といわれるよくないパターンです。

これはいわばぬりかべ尋問とは逆のパターンで、期待した答えが引き出せた場合に引き際を見誤ったケースです。例えば、

という類の質問です。

これの何が問題か。デメリットはいくつかあります。

まず、わざわざダメ押しをしてしまったことで、**証人等が供述を翻してしまうおそれ**があり、せっかく引き出せた有利な供述をあなた自身が自ら揺さぶってしまう結果となるということです。

人は誰しも、一度答えた内容についても「本当か」「本当に間違いないか」と繰り返し聞かれると、不安に思い、また自分の答えやその前提となる認識に自信が持てなくなってしまうものです。

もう一つは、ダメ押しをすることで、**相手方やその代理人に、反対尋問の供述で出た弱点に気付かせてしまうおそれ**があるということです。当事者は再主尋問までは裁判長の許可なく行えますから（規則113Ⅰ③）、弱点に気付いた相手方はその部分を再主尋問で挽回しようとするでしょう。

「あなた、今、反対尋問では『完全には一時停止しなかった』と答えたけれど、実況見分や陳述書では停止したと明確に書いていますね。当時の記憶と今の記憶とどちらが確かですか」という質問を再主尋問で投げかけてくるわけです。

そうなると、証人等もさすがに代理人の質問の意図に気付き、「完全に一時停止していたという方が記憶に合っていると思います」と答えを再び変えてしまうでしょう。そのような流れの供述をどう評価するかは裁判官ごとの判断ですが、「主尋問の内容は揺らがなかった」と見るに何ら不足のない結果です。

　結局のところ、再主尋問でリカバリーを試みても、**供述自体が揺れ動いたという事実は残る**わけですが、あなたにとっては、せっかく得られた反対尋問での有利な供述がぐらつくわけで、余計なダメ押しで一歩後退してしまったことは否定できません。

　そして、たいていの場合、ダメ押しの質問は誘導の形がとられるため、聴いている方は「弱点」に気付きやすくなります。

　もともと「ダメ押し（駄目押し）」というのは囲碁用語で、既に勝負が決まっているときにさらに勝ちを確実にするために念を押す石の置き方を言います。ところが、尋問の場では、ダメ押しを行うことで逆に決まりかけた勝負が覆るおそれがあるというわけです。

■ 07. 及び腰の尋問

ダメダメ度：😵😵😵

　前に、不用意・やみくもに突っ込んでかえって主尋問の内容を強固にしてしまう「壁を塗る尋問（ぬりかべ尋問）」について触れましたが、その逆パターンが「及び腰の尋問」です。

　格別の攻め手もないのにやみくもに突撃を繰り返すことは避けるべきですが、逆に主尋問で、あるいは反対尋問の中で**明確な「攻めるべきところ」が見えているのに、それを思いとどまって攻めきれずに終わる**というのも同じくらい残念な話です。

　繰り返しになりますが、「できるだけ深入りしない」ではなく**「攻めるべきは攻め、引くべきは引かなければならない」**というのが反対尋問の**難しさなのです**（→本章4‐2）。

　とはいえ、基本的に不確定要素が多い反対尋問では、明確に意識でき

る「攻めるべきところ」はそれなりに限定されます。

一言で言えば、**自己矛盾供述**や**客観的証拠・事実と齟齬のある供述**、**明らかに経験則に反する内容が含まれている供述**などが主尋問の中で現れたときでしょうか。

少しシンプルな例を挙げましょう。

道路上で発生した交通事故で、被告の運転する自動車が後退中に、後方に停止していた原告運転の自動車に逆突したというケースを考えてみてください。被告は衝突前にブレーキを一切踏んでおらず、損傷の内容から原告車両が停止中であったこともうかがわれるとしましょう。

このような事情から、衝突して初めて自車の後方に原告車両がいることに気付いたこと、それゆえ、被告が全く後方を確認せずにバックをしたことが考えられるところです。

さてこのとき、被告本人尋問の主尋問で、以下のようなやりとりがあったとしましょう。

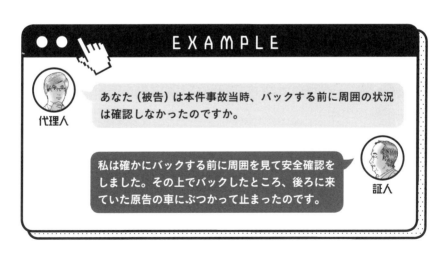

あなたは被告の反対尋問で、この供述部分についてどのような手当てをしておくべきでしょうか。

まず、証人等の供述の中にそういった矛盾や齟齬、不合理な内容が現

れた場合、それを反対尋問の中で突かずそのままにしておき、最終準備書面などで供述の信用性弾劾の材料とするという方法（→8章）が考えられます。

　上記ケースでも、「周囲を確認した」という被告の主張と「それでも結果として原告車両に逆突しているという客観的事実」との間に既に矛盾は生じているわけですから、その点を最終準備書面でそのまま摘示し、被告供述の信用性が乏しいことを指摘するという方法はよさそうです。

　しかし、そのままでは被告供述の信用性が乏しいことを強く裏付ける具体的な事情、ディテールが弱いように思いませんか。「安全確認をした」というのも、具体的な事実を表現したものではありません。このままでは「安全確認した」「していなかったからぶつかった」という互いに噛み合わない主張の対立だけになってしまい、決定打に欠ける印象です。何とか、別の角度から被告供述の信用性をより直接に攻撃する材料は得られないものでしょうか。

　そこで、もう一歩踏み込んで、反対尋問中で次のように突っ込んで訊いてみるべきです。

　このとき、被告からはどのような答えが返ってくるでしょうか。

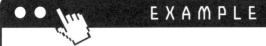

EXAMPLE

確認したときには原告車両はいなかった。

確認したけれど原告車両は見えなかった。

安全を確認してバックし始めた後、原告車両が後方に現れてぶつかった。

証人

　いずれにせよ、**それまでの被告自身の主張や客観的状況（車両の損傷状況等）から乖離した、相応に不自然な内容になることは間違いない**といえるのです。

　このケースでは、客観的に見て、「周囲を確認した」という被告の供述と、「それでも結果として逆突が起こっている」という点に決定的な矛盾・飛躍があり、およそその点を合理的に説明しうる供述は被告から出てきそうにないなと予測がつくのです（いわばセーフティネットが張られているようなものです）。

　その一方で、主尋問で現れた事情だけでは、被告供述の信用性を減殺させる事情として弱い（主張部分で補充してやらねばならない）ために、もう一歩踏み込んで、被告供述の信用性を直接攻撃できる具体的事情を引き出しておく意味が出てくるのです。

08. 議論してしまう尋問

ダメダメ度：😱😱😱😱

　証人等と議論する様相を呈する尋問も、好ましからざる反対尋問として挙げられます。ここでいう「議論」は、広い意味では質問者であるあなたの意見と証人等の意見とを戦わせ、どちらが正しいかを答えさせようとする行為を意味しています。

「議論」は質問内容そのものではなく、質問と回答で生じる状態を指す言葉ですが、議論を生む質問はたいていの場合、証人等に「意見の陳述を求める質問」です（規則115Ⅱ⑤、→1章4-5）。

ではなぜ、証人等との「議論」は好ましくないのでしょうか。

主尋問、反対尋問は、その証人等の**見聞・認識した事実等に関する質問**を行い、その回答を証拠とする証拠調べ手続であり、本来、証人に意見を求める手続ではありません（この点で鑑定（民訴212）と区別されます）。このため、「意見の陳述を求める質問」は「正当な理由がある場合」でない限り原則禁止とされているのです（規則115Ⅱ⑤）。

また、**反対尋問の目的は相手方証人等の供述の信用性を減殺すること**にあり（→本章1）、ある事実の評価や捉え方について、あなたの意見をぶつけ、戦わせることを目的とするものではありません。

尋問の対象者とあなたが議論をするような尋問の仕方は、反対尋問の趣旨・目的のいずれにも反するということになります。

議論にわたるような「意見の陳述を求める質問」が許容され、証人等が自らの意見の不合理さを認めた場合、それが結果として認定に有利に働く場合もないとは言えません。

ですが、証人等との議論はそれ自体、裁判所にとっては不毛なものに映りがちですし、多くの場合、議論（意見）の前提となる具体的な個別の事実関係を拾い上げて質問することの方がスマートかつ効果的です。

09. 狼狽を見せる尋問

ダメダメ度：😵😵😵😵😵

これは質問の仕方というよりも、尋問時の法廷での振る舞い方の問題で、主尋問のところで述べたことに似ています（→3章6-6）。

自分側の証人等の証言が崩れたときや、相手方の証人等から思いもよらない事実が飛び出したとき、あなたは心穏やかではいられないはずです。

しかし、**尋問の場では、いついかなる場合も狼狽を表に出してはなりません**。なぜでしょうか。

一つには、あなたが戸惑い落ち着きをなくす様子を見せることで、相手方が勢いづくということが挙げられます。

　自分が優勢か劣勢かという認識は、和解協議の進め方をはじめとする事件処理の方針に大きく影響します。しかも、そういった態度は相手方代理人だけでなく、法的知識がない相手方当事者本人にも十二分に伝わります。

　また、裁判所の判断に対する影響も見過ごせません。

　裁判官は法と証拠に則って事実を認定し、判断を下すものと考えられています。これ自体は全くその通りなのですが、ここに言う「法」の内容には自由心証主義（民訴法247）も含まれ、現実にはさほどシステマティックでも客観的でもありません。必ずしも事実と証拠だけから明確に線引きできない争点（それは事実のあるなしの場合もあれば、慰謝料の額のような数量的判断の場合もあります）を前にしたとき、**裁判官が判断を下す際には様々な要素（それも客観的にうかがい知ることのできない要素）が作用します**。少なくとも、判決理由に書かれないファクターが影響しているであろうことは、代理人であれば誰しも経験的に感じているところではないでしょうか。

　特に争点がシビアな事案で、判断の決め手に欠ける場合に、「当事者に受け入れられやすい（＝控訴されにくい）判断は何か」という思考が裁判官に働いたとしても格別不自然ではありません（また、そのような可能性を排除できるだけの合理的根拠もありません）。

　そのような状況におかれた裁判官にとって、尋問で痛いところを突かれた側の当事者や代理人が落ち着きをなくす様子は、果たしてどのように映るのでしょうか。

　「当事者の顔色を見て判決を書いている」と表立って口にする裁判官はいないでしょうが、今ここで私が言っているのはそういうことではありません。

　いずれにせよ、受け止めるのも判断するのも人である以上、不利な状況にあればあるほど、それを表に出さないよう十二分に留意しなければ

第4章　反対尋問　181

なりません。

　なお、あなた自身はポーカーフェイスに徹していたとしても、同行している当事者本人や司法修習生、場合によってはイソ弁が落ち着きをなくすということも考えられますから、この点については事前に**「どのような展開になっても、慌てた様子を見せないように注意してもらいたい」旨の念押しが必要**です（この念押しはしつこいくらいがちょうどよいと言えます）。

　少し話は変わりますが、反対尋問で**相手方証人等の証言に対して、「戸惑ったフリ」を見せることに意味がある場合**があります。

　例えば、相手方証人等の供述が通常の経験則に大きく乖離する内容であった場合に、あえて驚愕したフリをして質問を続けることで、不用意な供述をさらに引き出そうと仕向ける場合です。

　質問者であるあなたがそのように振る舞うことで、相手は自分の説明が不自然・不合理なものだという認識を強くし、その印象を払拭しようとして、その場でさらに不自然な言い訳を弄することがあります。

　例えば、原告が盗用されたとする印鑑を、まだ返してもらっていないというケースを考えてみてください。

　このような態度は、最初から意図して行っているわけですし、裁判所にも相手方にも、あなたの側が劣勢にあるとの印象を与えるものではありません。

GOOD EXAMPLE

代理人: あなたが冒用されたという実印ですが、娘さんから戻ってきたのはいつの時点だったのですか？

証人: いえ、結局、私はまだ返してもらっていません。

代理人: えっ!? 勝手に実印を持ち出されてしまったのに、それをまだ今も取り戻していないのですか!?

証人: …いえ、本人も反省しているようでしたし…、とりあえずは問題ないかと…。

代理人: そのままにしておいて、また勝手に使われるといけないとは思わなかったのですか？

証人: ですから、もう使わないようにと念押しはしました。

代理人: 終わります。

反対尋問では多少の演技や虚勢も必要である。
ただ、それ以上に必要なのは事前の準備である。

第4章 反対尋問　183

CHAPTER.4

06 | 弾劾証拠はこう使え

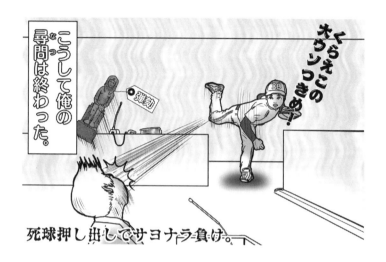

01. 弾劾証拠とは

　相手方証人等の主尋問や反対尋問での供述で、明らかに**客観的事実や証拠と整合しない事実**が出てくることがあります。

　その点について、手元に攻撃材料があり、それを適切にぶつけることができれば、供述の信用性を大きく減殺できるはずです。

　そう、**弾劾証拠**の問題です。

　そもそも弾劾証拠とは一体何を指すのでしょうか。

　「弾劾証拠」という言葉自体は民訴法にも民訴規則にもありませんが、規則中にある**「証人等の陳述の信用性を争うための証拠」**（規則102）が弾劾証拠を意味するものだと捉えられています。

　そう考えると、証人等の供述の信用性に対する攻撃材料として使える証拠は全て含まれるように思えますが、民事訴訟で特に「弾劾証拠」というときは、多くの場合、**証人等の陳述の信用性を争うために使用する**

証拠であり、かつ、**尋問の相当期間前までに提出されていない（すなわち、尋問開始時点で未提出の）もの**を指します（規則102参照）。

　つまり、弾劾証拠というのは、特定の証拠となる素材の状態・属性ではなく、その証拠としての使われ方を表した言葉だと言えます。

　なお、弾劾証拠というと、証人等の供述のウソを暴くための隠し球的なイメージがありますが、その弾劾の対象は虚偽供述に限定されるわけではありません。

02. 事例に見る弾劾証拠の使い方

　さて、ここで少し事例を見てみましょう。

　例えば、交通事故の被害者である原告が「休業の必要性があった」として長期間にわたる休業損害を主張しているけれども、その主張する期間中に実は他の事業所でフルタイムで勤務していた事実を被告がつかんでいる、というケースを考えてみてください。

　このとき、その主張に反して原告が稼働していたという事実を示す資料（例えば出勤簿や、稼働の事実が記載されたSNSの記録など）がある場合、被告としては、主張整理段階で出すのではなく、尋問のあとに隠し球として出す方が効果的に使えると考えるはずです（また、このような証拠は原告の虚偽の主張がなかったならば使いどころがありません）。このとき、そのような証拠は弾劾証拠として使うことが想定されている、と言えます。

　こういったケースでは、主尋問中に現れた「事故後、主張している期間については一切働いていなかった」との供述に対し、先に挙げたような稼働の事実を示す証拠を、反対尋問で弾劾証拠として示し、その供述との矛盾・齟齬について質問して反論してみると効果的です。

　これに対して、医療過誤訴訟で担当医師の証人尋問を行う場合に、彼（彼女）の説明（供述）が手元の医学文献の記載と異なっている（文献に記載された知見からはそのような供述内容は導かれない）という場合はどうでしょうか。

第4章　反対尋問　**185**

そのような、質問者が必ずしも自信を持って訊けない専門的・技術的な論点について、手元の医学文献を弾劾証拠として示して医師と渡り合おうとすることは果たして適切でしょうか。

　こういった場合の医学文献も、未提出で、しかも証人の供述の信用性を減殺する目的で使用する限り、弾劾証拠に当たる余地があります。

　ただ、結果として、よくわからないまま医師に「その医学文献記載の事案と本事例とは全く異なり、判断の違いは何ら不合理ではないんですよ」という説明を許し、不利な供述をいっそう固めてしまうことになりかねません。そのような状況を反対尋問の現場で覆すことは至難のわざです（この場合、そのような文献が既出の証拠の場合も同様です）。

　このような質問が「意見の陳述を求める」ものとして制限の対象となりうる点も、少し気に掛かるところです（規則115Ⅱ⑤。ただし、こういった場合、相手方はあえて質問に対する異議（→5章2）を出さずに医師の反論に任せる態度をとるかもしれません）。

　こういった場合には、尋問の場では矛盾点を材料としてできるだけたくさん引き出しておき、のちに準備書面上でそれらの供述と医学文献の記載（一般的な医学的知見）が矛盾し、その証人等の供述が信用できない旨を主張で展開する方法（「材料引き出し」型の反対尋問）が戦法としては優れているように思われます。

　逆に主尋問を行う側としては、反対尋問で現れた弱点の材料に気付いて再主尋問でフォローする質問を行っていない限り、あとの準備書面で争うことは難しくなります。

　要するに**反対尋問の場面で弾劾証拠を示すか、それとも材料引き出し型の尋問で止めるかは、相手（証人等）の職業や経歴、性格、その事案についての理解度、相手方代理人の力量、そして手元にある弾劾の材料の内容に照らして判断すべき**ということです。

03. 弾劾証拠使用上の注意

なお、弾劾証拠を用いる場合、注意すべき点が3つほどあります。

❶ 相手方証人等を着実に追い込んでおく

まず一つ目は、弾劾の効果を確実にするため、**証人等の逃げ道（弁解の余地）を断つところまで、尋問中で供述をきちんと引き出しておかなければならない**ということです。相手方証人等の供述を袋小路に追い込んで退路を断った上で、その進入路に立ってナタを振り下ろすイメージを持ってください。このことは、反対尋問一般について述べたことと全く同じです（→本章4-3）。

❷ 弾劾証拠は通常の証拠と機能が区別される

そしてもう一つは、通常の証拠と弾劾証拠の立証上の機能の違いを意識しておくということです。

尋問で使用する予定の文書は、尋問の相当期間前までに提出しておくべしという一般的なルール（規則102）に反し、**争点整理手続終了後も提出が認められるのが弾劾証拠**です。このような例外的な取扱いが認められるのは、それが証人等の供述の信用性を争うために用いられるものであって、真実発見のため必要と考えられたからです（これは、尋問中に示さず、そのあとに供述の信用性を争う証拠として提出する場合にも当てはまります）。その代わり、通常の証拠と異なり、弾劾証拠は、**供述の信用性を弾劾するためにのみ**使うことが許されるというのが本来のルールです。

ですから、「隠し球」としてとっておきたい証拠であっても、それが同時にあなたの側の本証又は反証に必要なものであれば、争点整理手続終了前に提出しておかなければなりません。そうでなければ、通常、時機後れとなります（民訴174、167、157Ⅰ参照）。

先に挙げた医師の尋問のケースでも、せっかくの医学文献が原則として事実認定に用いることができなくなってしまうところは気になるところです。

第4章 反対尋問 **187**

実はこの**通常の証拠と弾劾証拠の取扱いの峻別については、裁判官によってかなり程度に幅があります**（当職 63 頁参照）。もっとも、証拠提出の一般的なルールであるほか、相手方の利害に大きく関わる点でもあるため、代理人としてはそれぞれの証拠について、ふさわしい使い方、提出時期を意識しておかなければなりません。

❸ 弾劾証拠の時機後れ却下

3 つ目は、**弾劾証拠であっても、その提出の仕方によっては時機に後れた攻撃防御方法**（民訴 157 Ⅰ）**として却下されるおそれがある**ということです。

攻撃防御方法とは、当事者がその判決事項に係る申立て（原告の請求、被告の請求棄却・訴え却下の申立て等）が正当であることを支持し、基礎づけるために提出する一切の訴訟資料とされ、主張（事実上の主張、法律上の主張）、立証（証拠申出）、証拠抗弁などを含むとされ（コンメ 328 頁）、弾劾証拠もこの「一切の訴訟資料」に含まれます。

その提出時期が通常の証拠申出に比べ緩和されていること（規則 102）、その提出を認めても「訴訟の完結を遅延させる」とまで言えないケースが多いこともあって、弾劾証拠の提出に時機後れ却下が適用される要件はやや厳しくなります（大阪地判平成 22・5・28 判時 2089 号 112 頁、京都地判平成 16・11・24 判時 1910 号 149 頁）。しかし、理論上は、時機後れによる却下の可能性はなお残ります（例えば、東京地判平成 21・2・3 ウエストロー）。

実務上特に問題が多いのは、**争点整理手続終了後、あるいは尋問後（終結間際）に、「弾劾証拠」であるとして本来の立証に用いられるべき証拠が駆け込み的に提出されるケース**です。

これも通常の証拠と弾劾証拠の取扱いや評価が峻別されていれば問題はないのですが、自由心証主義（民訴 247）のもと、必ずしもそうは言いきれない面があり、代理人として適切な対応が求められます。

このような場合、裁判所は（その取扱いをめぐって一期日伸ばすなどということはあまり考えませんから）かなり柔軟に、悪く言えばさほど

思案検討することなく提出を認めがちです。ところが、先に見たように、通常の証拠と弾劾証拠との区別の程度は裁判官によってもまちまちですし、その内容が絶対に事実認定に影響しないという保証もありません。

このような証拠提出がなされ、しかもそれに対する十分な反論の機会が与えられなかった場合には、**「その証拠は弾劾証拠としてのみ取り扱われるべきものであること」**を法廷で念押ししておくくらいのことはしておいてよいでしょう。

なお、裁判例では、同時期に提出された複数の証拠について、それぞれ弾劾証拠に当たるか否かを個別に検討して採否を分けたもの（東京地判平成28・10・27ウエストロー）があり、そのような不適切な証拠申し出をされた側の代理人の対応として参考になります。

弾劾証拠は当たれば強力な一撃になるが、そもそも証拠としての使い道を自ら制限しているのだという側面を忘れてはならない。

反対尋問を行わない という選択はアリか

　時折**「反対尋問を行わないのが最高の選択となる場合がある」**ということが指摘されることがあります。「できの悪い主尋問は、自ずからその信用性が乏しいことを物語っており、あえて反対尋問をしないことで主尋問の不十分さを指摘することができる」といったところに含意があるのでしょうか。

　これが反対尋問一般の有用性を否定する趣旨でないことは明らかですが、それでも私はこの考え方には違和感があります。

　主尋問は、申請者側がその人証によって立証すべき事項を証明するために行うものなので、その段階で自壊してしまうというのは全体からするとやはりレアなケースでしょう。

　また、**実務的には、仮に主尋問が大崩れした場合であっても、反対尋問をした方がよいことが多い**ように感じます。「一切反対尋問をしない」という態度は、あなたの依頼人にとっては、あなたが攻めあぐねている（あるいは、代理人としての役割を放棄している）ように映るかもしれません。

　では、裁判官はどうでしょうか。

　「この代理人は反対尋問による信用性弾劾が不要と考えているのだな」と好意的に捉えてくれているでしょうか。あなたと裁判官との間に、事件のスジ読みや訴訟指揮に関して、そこまでの信頼関係を築けている自信はありますか？　そもそも、あなたと裁判官との間で、主尋問の評価が一致しているという保証はありますか？

　普通、反対尋問をしたからといって、そのことだけで裁判官の心証やあなたに対する評価が悪化するわけではありません。そして、主尋問で大崩れしているケースでは、そのリカバリーをしてやるようなマズい質問をするのでもない限り、反対尋問のリスクは大きく下がります。

　結局のところ、**代理人の立場で「反対尋問は不要」と自信を持って言い切れるケースは相当程度限定される**ことになり、これが冒頭の考え方に対する私の違和感の正体です。みなさんはどう思われますか。

第5章

異議の
出し方と対応

CHAPTER.5

01 「異議とは何か」説明できる？

01. まず異議とは何かを正しくおさえる

　裁判官はともかく、民事の代理人で、民事訴訟手続の各所で問題とされる「異議」の具体的内容や法的根拠を正確に把握し理解できている人は、実はそれほど多くはないという印象があります。

　その原因の一つは、**民事訴訟で問題となる「異議」という言葉が極めて多義的である**ことです。使われる文脈によって、個別の制度としての「異議」を指す場合もあれば、「同一審級内での不服申立て方法」という程度のモヤッとした意味で用いられる場合もあります。

　また、その根拠が民訴法であったり規則であったりすること、「異議」と呼ばれながらその本質は実はいわゆる「異議」ではなかったりすることなども、理解や整理を難しくさせている要因です。

　例えば、法律家なら誰でも知っているように、民訴法の中で「異議」という言葉は107回、規則の中でも28回用いられていますが、それぞ

れの**異議の意義**について真正面から体系的・分析的に整理した実務書というのはほとんど見かけません。

　もっとも、異議と呼ばれるものはどれも、民事訴訟手続に組み込まれたツールとして、法令の定める要件を満たす場合に認められるものですから、その根拠や要件の正確な理解は本来不可欠です。また、あとに見るように、異議の根拠・要件を正確におさえておくことは、**異議を出された側が異議の正当性を主張して争う場面でも同じく重要**です。

　幸い、この本のテーマである**尋問手続に関係してくる異議はそれほど多くはありません**。それを以下で見てみましょう。

02.「尋問に関して問題となる異議」

　尋問に関して問題となる異議を、(その本質論や重要性、使いどころをとりあえず脇に置いて)分析的に考えると、**3種類**あります。

❶ 証人に対する尋問順序の変更に対する「異議」──民訴法202条3項の「異議」

　1つ目は、**裁判長がした証人に対する尋問順序の変更に対する異議**であり、民訴法上明示的に「異議」として認められています(民訴202Ⅲ)。

　証人に対する尋問は、その尋問を請求した当事者(代理人)がまず行い、次に相手方当事者(代理人)、裁判長という順番で行われるのが原則です(同Ⅰ)。もっとも、「適当と認めるとき」、裁判長は当事者の意見を聴いて、この順番を変更でき(同Ⅱ)、**この順序変更に関する裁判長の判断に対して、当事者は異議を述べることができる**と定められているのです(同Ⅲ)。

　このときの、「異議」の性質は裁判長の訴訟指揮に対する異議(民訴150)ですから、この異議が当事者から出たときは、裁判長は決定でその異議に対する判断(裁判)をしなければなりません。

　ただ、ある証人に対する尋問の原則的な順序が変更されるということ自体まれですし、「誰がまずその証人に訊くか」という入り口の部分でゴタゴタする場面というのは少し想像しにくいところです。ということ

第5章　異議の出し方と対応　**193**

で、実務上、この異議が問題となることはほとんどなく、異議としての重要度はやや下がります。

❷ 尋問・質問に関する裁判長の裁判に対する異議——規則117条1項の「異議」

2つ目の「異議」は、**当事者の尋問や質問に対して、裁判長がした判断（裁判）に対する当事者の「異議」**です。これは民訴法ではなく規則に根拠があります（規則117 Ⅰ）。

一応、条文に従って、この**「規則117 Ⅰの異議」が出せる5つのケース**を見ておきましょう。

ア　裁判長が当事者の再反対尋問以降の質問を**許可した場合**（規則113 Ⅱ）

イ　裁判長が、証人に対する尋問の順序（申請した当事者→相手方当事者→裁判長（民訴202 Ⅰ）、あるいは裁判長が変更して決めた順序（同Ⅱ））以外のタイミングで、自ら尋問し、あるいは当事者に尋問を**許した場合**（規則113 Ⅱ）

ウ　裁判長が、主尋問、反対尋問、再主尋問それぞれの質問の範囲（規則114 Ⅰ、→4章2-2）を超える質問について、相当でないとして**制限した場合**（規則114 Ⅱ）

エ　裁判長が「してはならない」質問（規則115 Ⅱ、→1章4）について**制限した場合**（規則115 Ⅲ）

オ　裁判長が当事者に対し文書、図面、写真、模型、装置その他の適当な物件を利用した質問を**許可した場合**（規則116 Ⅰ、→1章5）

以上が、この「異議」（規則117 Ⅰ）が出せるケースです。

❶で見た民訴法上の異議（民訴202 Ⅲ）は特定の証人に対する**質問者側の順番の変更に対する不服申立て**を問題としていました。これに対し、この規則上の異議（規則117 Ⅰ）中の「イ」では、（変更された場合も含め）**定まった質問順序から外れた質問の許可に対する不服申立て**を問題としているという違いがあります。

また、「エ」の「してはならない」質問は、既に見たように、証人を侮辱・

困惑させる質問、誘導質問、重複質問、争点と関係ない質問、意見の陳述を求める質問、証人が直接経験しない事実の陳述を求める質問などです（規則115Ⅱ）。なお、これらは例示列挙と解されており、**ここに挙げられている６類型以外でも不相当な質問については裁判長の制限の対象となる**というのは、既に書いたとおりです（→１章４）。

さて、先に見た「ア」〜「オ」全てに「裁判長が」とあるように、この場合の異議（規則117Ⅰ）は、全て**裁判長のした何かしらの判断（質問の許可や制限）に向けられています**。すなわち、この場合の「異議」は、我々が尋問の際に法廷でよく口にする「異議あり！」とは全く別のものなのです（そもそも、当のあなたにも「異議あり！」を裁判所の行為に対して発しているという意識はないはずです）。

この一風変わった異議の使いどころですが、例えば、自分が調子よく主尋問や反対尋問をしている際に、裁判官が不用意・無神経な介入尋問をしてきてリズムや計画が狂わされそうになったときに出すということが考えられます。この場合は、先の「イ」の異議事由に当たります（規則113Ⅱ、民訴202Ⅰ・Ⅱ）。

その結果、**裁判所は、決定で、この異議に対して直ちに裁判をしなければなりません**（規則117Ⅱ）。といっても、自分で必要かつ相当だと考えて質問している裁判官に対して当事者の立場で異議を述べても、**その場で却下されて終わりになるケースがほとんどでしょう**。介入尋問以外のケースでも、当事者代理人としては、裁判官相手に異議が通るかどうかという点のほか、異議を出すことによるリスク（悪心証を引き起こしたり、弱点に過剰反応しているのではないかととられたり）がつい頭をよぎります。

そういうわけで、この２つ目の「異議」も、実務的にはそれほど多くはありません。この点について、学陽書房『裁判長！当職そこが知りたかったのです。』61頁で岡口基一裁判官が言及しておられます。

❸ 裁判所に質問制限の職権発動を促す「異議」──「質問に対する異議」

3つ目の「異議」ですが、これが映画やテレビドラマなどでよく出てくる「異議あり！」の異議です。実はこれは先の2つの異議とは少し異なっており、正確には**裁判長に対し、当事者の質問を制限する職権発動を促す申立て**です。先の2つと性格が違うこともあってか、条文上「異議」という文言は使われておらず、これは異議ではなく「抗議」と呼ぶべきだとする論者もいます。冒頭であえて「本質論を脇に置いて尋問で問題となる異議には3種類ある」と書いたのはこのような理由からです。

私自身も、そもそもこれを「異議」と呼ぶのは違うんじゃないかと思うのですが、反面、尋問中に弁護士が皆「異議あり！」と口にする中、一人だけ「抗議！」と叫ぶ変な人になる勇気はありません。「抗議」という名前はやはりしっくりきません。

とはいえ「質問制限の職権発動を促す異議」というのも少々長たらしいので、**以下では端的に「質問に対する異議」と呼ぶ**ことにしましょう（こういった制度やツールの名付けというのは、案外重要です）。

さて、この「質問に対する異議」が認められるのは、大きく分けて以下の2つの場合です。

ア 当事者のした質問が、主尋問、反対尋問、再主尋問それぞれの質問の範囲（規則114Ⅰ、→4章2-2）を超えるものであって、かつ相当でない場合（規則114Ⅱ）

イ 当事者のした質問が、「してはならない」質問（規則115Ⅱ、→1章4）に該当する場合（規則115Ⅲ）

「ア」のパターンとしては、例えば、相手方の反対尋問での質問が「主尋問に現れた事項及びこれに関連する事項並びに証言の信用性に関する事項」に含まれるとは言えない場合に、この「質問に対する異議」を出すことが考えられます。また、相手方としては、そのようなリスクのある質問をする可能性がある場合には、双方申請の方法をとることが考えられるということは既に書きましたね（→4章2-2）。

196

「イ」については、例の「してはならない」質問（規則115Ⅱ、→1章4）ですから、例えば証人を侮辱する質問や、争点に無関係な質問、意見の陳述を求める質問が相手方から飛びだしたときなどに使えます。こちらの類型は汎用性が高く、尋問の現場でも頻繁に活用されています。

この「ア」、「イ」の制限事由は、ちょうど先に見た「規則117Ⅰの異議」の「ウ」、「エ」に対応していることがわかります。

ところで、実務では、「質問が具体的でない」「誤導である」といった異議も、この「質問に対する異議」として普通に出されています。これらのパターンは、規則の条文（規則114Ⅰ、115Ⅱ）を普通に読むと、その中のどの制限事由に当たるのかが必ずしも明らかではなく（「質問は個別的かつ具体的に」という規則115条1項は制限事由に含まれていません）、若干の気持ち悪さが残ります。

強いて明示的な規定に結びつけようとすれば、一般的な「質問の範囲」（規則114Ⅰ）を超えている、あるいは「証人を困惑させる」（規則115Ⅱ①）、「争点に関係ない」（同④）という構成や、訴訟上の信義則などでの説明も可能かもしれません。ただし、先に見たように、**規則115条2項の「してはならない」質問は、尋問における不相当な質問を例示的に列挙したもの**に過ぎず、具体的でない・不明確な質問や誤導質問も、同様に「不相当な質問」として制限の対象となると考えることができます。もとより、この「質問に対する異議」に関する規定は、その性質上、訓示的規定であると捉える見解が有力であり（コンメ232頁）、さほど硬直的・厳格なルールというわけではありません。

さて、当事者からこの「質問に対する異議」が出された場合、裁判長は対象となる当事者の質問を制限するか否かを判断することになります。また、当事者からの「質問に対する異議」がなくても、先の「ア」「イ」のケース（規則114Ⅱ、115Ⅱ）に該当する質問については、裁判長は自ら（職権で）質問制限をすることもできるというわけです。

そのような制限の判断（あるいは制限しない判断）に対して、当事者はさらに「規則117条1項の異議」を出せるということになるのですが、

この異議が出されるケースが多くはないというのは既に書いたとおりです（→本章1-2❷）。

例えば、あなたの主尋問中に不相当な誘導質問であるとして相手方から「質問に対する異議」が出され、裁判長があなたのその質問を制限した場合を考えてみてください。ここで、尋問する側（あなた）は**質問を変えるか**、**裁判長の判断に対してさらに異議**（規則117 Ⅰ）を出して再考を求めるかを選ばねばなりません。ところが、尋問の効果や流れ、裁判所との関係で、後者を選ぶ実益が果たしてどれほどあるのだろうかということです。

03.「尋問に関して問題となる異議」のまとめ

以上のように、尋問に関わる異議としては、
① 民訴法202条3項の異議
② 規則117条1項の異議
③ 質問に対する異議（規則114 Ⅱ、115 Ⅲ）

の3つがありますが、この中でもっとも重要なのは、実際に個別の質問の制限や尋問全体の流れに大きく関わってくる③の**質問に対する異議**です。

この「質問に対する異議」について、以下、尋問手続の中で使う際の注意点を考えてみます。

異議は法廷での一瞬の斬り合いであるが、異議事由や法令上の根拠など、手続的な知識に不安があるとまともな勝負にすらならない。

CHAPTER.5
02 「質問に対する異議」の目的・効用

01. 不適切な質問を、正しい流れに戻す

　質問に対する異議の目的は、どのようなところにあるのでしょうか。

　そもそも、証人尋問や当事者尋問は、**その者が見聞した争点に関する事実の記憶を正しく聞き出し、その供述を証拠とするために行われる**ものです（→1章2）。

　ですから、質問に対する異議の目的はというと、不適切な質問を制限することによって、証人等が見聞した争点に関する事実の記憶を正しく聞き出させることにあります。これを機能的な面から捉えると、質問に対する異議は、**不適切な質問がなされた場合に、その尋問の流れを一旦止め、正しい流れに戻すために発される**ものだといえます。

　そういった理由から、争点と関係のない質問（規則114Ⅰ、115Ⅱ④）や、記憶の正しい聞き出しが損なわれるような質問（規則115Ⅱ①・②）、供述者自身が経験していない事実に関する質問（同⑤・⑥）、尋問の効率性

を阻害するような質問（同③）など、不相当な質問が質問に対する異議による制限の対象となるのです。

02. ほか、異議の副次的効果

より実務的な視点から、質問に対する異議には、以下のような隠れた目的があることが指摘されています（尋問技術271頁）。

① 相手方弁護士に対する牽制
② 裁判官に対する注意喚起
③ 証人に対する助け船
④ クライアントに対するジェスチャー

私も、この①～④については大いに同意できる部分がありますが、質問に対する異議を出す目的というよりも、異議を出したことによる副次的な効果・効用として捉える方が適切なのかもしれません。

適時かつ適切に出された質問に対する異議は、相手方、裁判所の両方に対して牽制と防御の効果を持つ。その上、かっこいい。

CHAPTER.5
03 「質問に対する異議」の出し方

相手の尋問中はいつでも即座に異議が出せるよう、リラックスしつつ、相手の出方を注視します。

▌01. 必ず証人等が問いに答える前に出すこと

　本章2で見たように、質問に対する異議の目的は不適切な質問を制限することによって、証人等が見聞した争点に関する事実の記憶を正しく聞き出させることにあります。

　もっとも、「質問を制限する」ものでしかないため、仮になされた質問が不適切なものであったとしても、それに対して証人等が答えてしまったあとでは、その答えをなかったことにはできません。結局、供述者が答えることによって異議を訴える利益が失われてしまうことになり、あとは出てしまった供述の証拠評価の問題が残るのみです。

　伝聞証言（規則115条2項6号に抵触）であっても、その採否は裁判官の自由な心証に委ねられるとする判例（最判昭和27・12・5民集6巻11号1117頁等）が参考になります。

　したがって、不適切な質問（規則114Ⅱ、115Ⅱ）が飛び出した場合には、

証人等が答えはじめる前に異議を出さなければなりません。

　相手方の尋問中、あなたは相手の質問を聞き漏らさないようにしつつ、かつメモを取りながら（→1章6-6）、異議を出すべき場面が出てこないか常に態勢を整えておくことが求められます。

▎02. 明確に異議の根拠を指摘すること

　質問に対する異議は、不適切な質問を制限することによって、証人等が見聞した争点に関する事実の記憶を正しく聞き出させることを目的としています。

　とはいえ、質問に対する異議は、相手方と証人等との間で行われる質問・回答の応酬に割って入るという**例外的・侵襲的な行為**です（あとに見る介入尋問も同様です。→6章2）。特に反対尋問で証人等から決定的な答えが得られそうになった場面で、さしたる合理的理由もないのに相手方からストップがかけられてしまうというのでは、むしろ尋問の意義が損なわれてしまします。

　質問に対する異議による尋問手続の中断が許されるためには、そこに明確な根拠が備わっていなければなりません。単に、自分の側に都合の悪い質問が出たからというだけで、その流れを横から止める権限はあなたにはないのです。

　質問に対する異議を出す場合には、その質問が制限されるべき法令上の根拠が必要で、これが指摘できない場合、（裁判長自身が質問の制限を相当と考えない限り）異議は却下されてしまいます。

　異議事由としては、既に見たように、**主尋問、反対尋問、再主尋問それぞれの質問の範囲**（規則114Ⅰ、→4章2-2）**を超え、かつ相当でない質問**、あるいは**「してはならない質問」**（規則115Ⅱ各号）として例示的に列挙されている質問（→1章4）のほか、個別的・具体的でない質問、誤導質問なども、不相当であることを理由に質問に対する異議を述べることができます。

　また、質問それ自体に対するクレームではないため質問に対する異議

とは異なりますが、証拠調べを経ていない文書等の使用について、質問前に閲覧する機会を求めるための異議（規則116Ⅱ）を述べることもできます。このとき、相手方の質問の際に「異議あり！　事前に証拠提出や開示を受けていない資料であるため、質問で示す前に確認させていただきたい」等と申し出ることになります。

とはいえ、これらの異議、質問に対する異議は、供述者が問いに答える前に出さなければなりませんから、**異議事由をあれこれ考えている間に異議を出すタイミングを逃したというのでは元も子もありません。**

私の修習時代の民事弁護教官は、この点について「まずいと思ったらまず『異議あり！』と述べて尋問を止め、ゆっくり立ち上がりながらどの異議事由に当たるかをあとから考えるくらいでもよい」とおっしゃっていました。

なお、異議事由が有限である以上この点も慣れの問題で、ある程度の尋問の経験が積み上がってくると、異議事由の判断にはそれほど苦労しなくなります。

03. 異議を出すべきか常に考えながら臨む

❶ 異議を出す必要のない場合もある

質問に対する異議は出せばよいというものではありません。

出すことによって相手方の尋問の流れを止めることになるわけですが、状況によって質問に対する異議を出す必要がない、あるいは出すべきではないという場合があります。

例えば、相手方の主尋問（再主尋問含む。以下同じ）が誘導で行われているような場合です。

尋問では原則として誘導質問は「してはならない」質問に含まれ（規則115Ⅱ②）、申立て又は職権で制限を受けるべき質問に該当することとなるのが原則です。

このうち、反対尋問における場合のほか、主尋問中であっても双方に争いがなく陳述書にも書かれているような前提事実については、誘導質

第5章　異議の出し方と対応　**203**

問を行う「正当な理由」（規則115Ⅱ但書）があるといえ、制限の対象からは外れます。

　他方、争点や事案の核心に関わる事項については、主尋問での誘導質問はやはり客観的には有害であって、質問に対する異議を述べて質問の制限を求めるか否かを検討しなければなりません。もっとも、近時、民事の尋問調書は（調書が省略される簡易裁判所の事件は別として）録音反訳形式による逐語調書の形で作成されることが多くなります。

　その結果、**誘導質問に対し証人等が「はい」「いいえ」といった単調な答えを繰り返していたという事実が、調書上も明確な形で残る**わけです。そのように主尋問で誘導質問が多用されている場合の相手方としては、対応について少し頭を使う必要があります。

　例えば、争点・事案の核心に関わる重要な点について、**証人等が誘導質問でなくともある程度答えられるだろうと見込まれるケース**を考えてみてください。これは事案の内容・尋問の対象事項のほか、その供述者のキャラクターや事案の理解度をもとにある程度見極められるはずです。

　この場合は、争点・事案の核心に関わる部分ですから、質問に対する異議を出せば通ります。ですが、**誘導質問が制限されたとしても、相手方の意図する答えが証人等から引き出されてしまう**わけですから、積極的に異議を述べる実益は乏しくなります（誘導質問による尋問時間の有効利用を阻むメリットがあるか否かといった副次的な要素を検討する程度でしょうか）。そうなると、尋問ではそのまま質問の制限を求めず行われるに任せ、「終始誘導で質問が行われ、供述者自らは何ら主体的な答えをしていないこと」をあとから準備書面で指摘して、その供述の信用性を叩く戦法の方がより優れていると言えます。

　そもそも、**争点・事案の核心に関わる事項について、自ら誘導質問の形で尋問事項を構成するというのは、尋問の意義を理解しない悪手**というほかありません。

　ここであなたがすべきことは、そのような相手方の準備や理解の不足

に感謝しつつ、職権での質問制限が入らないことを祈りながら事態を静観することであって、わざわざ相手方の尋問結果の信用性を増させるようなアシストをしてやることではないのです。

❷ 異議を出すべき場合もある

　相手方の主尋問が、誘導質問によってどうにかこうにか答えられているというケースではどうでしょうか。できすぎた陳述書に反して、証人等の言葉使いに妙に具体性や明確さがないといったときを想起してみてください。

　この場合、正に誘導質問によってかろうじて相手方の証明すべき事実が引き出されている状態ですから、質問に対する異議を述べ、その誘導質問の制限を求めるに躊躇する必要はありません。

　しかも、ここで誘導質問へ異議を出すことは、尋問者のみならず（そのような十全の回答ができないであろう）証人等にかなりのプレッシャーを与えることになりますから、**戦術として相応に有効**と言えます。

❸ 誘導質問以外ではどうか？

　以上は、主尋問における誘導質問について異議を出すか否かという話ですが、重複質問（規則115Ⅱ③）や争点に関係のない質問（同④）も、主尋問で積極的に質問に対する異議を出す必要のないパターンです。相手方が自分側の証人等との意味の乏しいやりとりで貴重な持ち時間を浪費してくれているのですから、**予め設定された尋問予定時間内である限り、**あなたが文句を言う筋合いはありません。

　他方で、自らの証人等に対し、意見の陳述を求める質問（同⑤）や直接経験しなかった事実についての陳述を求める質問（同⑥）を用いて、牽強付会（強引に理屈をこじつけること）な立証をしようとしている場合には、主尋問中の質問であっても質問に対する異議を述べて、質問の制限を求めなければなりません。

　また、相手方の質問が反対尋問や中立的証人に対する尋問である場合には、「してはならない」質問その他不相当な質問一般について、原則どおりその制限を求めていくべきことになります。

第5章　異議の出し方と対応　**205**

❹ 尋問を止めるメリットとリスクを天秤に

　異議を出すか否かという判断の点で、もう一つ指摘しておきたいのは、**裁判所の尋問に対する聞き方やリアクション**です。当事者と違って、判断権者である裁判所はわりと本気で「尋問によって客観的真実を見極めたい」と考えています。その結果、当事者の出す異議が、裁判所のそのような関心や思惑と対立する場面があります。

　誰しも、重要な局面で証人等の話に耳を傾けているときに、横から何度もストップがかかるとストレスを感じるものです。また、過剰な異議は、その質問内容に関する不利な立場の自認と受け止められるリスクもあります。ここで考えなければならないことは、裁判所の顔色を見て異議をとどめるというよりも、**質問に対する異議を出して尋問の流れを止めることによる実利とリスクとを衡量して異議の要否を決める必要がある**ということです。

04. 尋問の現場で問題となる異議の整理

　質問に対する異議を含め、尋問の現場で問題となる異議ごとに、その使いどころ、性格、法的根拠、異議の発し方を整理したのが「尋問で問題となる異議一覧表」（→本章5）です。尋問の現場で異議を出す際の準備として、また異議について理由がない旨の指摘を受けた際の反論の資料として、尋問に臨む際に活用してください。

あえて異議を出さないのか、それとも異議を出すだけのスキルがないのかは、尋問の流れとあなたの態度で概ね伝わっていると考えてよい。

CHAPTER.5

04 「質問に対する異議」を出されたら

■ 01. 必ず裁判所を介してやりとりを行う

　次に、あなたが相手方から「質問に対する異議」を出された場合の対応で、いくつか注意しておくべき点を挙げておきます。

　相手方の行った不相当な質問を契機として発される「質問に対する異議」ですが、条文上明らかなように、**申立てそれ自体の名宛人は裁判長その人です**（規則114Ⅱ、115Ⅲ）。

　これは、逆に言えば、相手方から「異議あり！」と言われた場合も、その「質問に対する異議」それ自体は、あなたではなく檀上の裁判長に向けられているということです。

　つまり、**相手方から異議が出ても、あなたは直接応じてはならず、まずは裁判所の判断を待つべき**だということです。通常であれば、異議が出た時点で、裁判所は「異議の理由は？」と質問してその根拠を確認し、その上で質問者であるあなたの意見も聴いて、質問の制限を行うか否か

を検討することになります。

　自分の質問中に異議が出され、尋問の流れやリズムが途絶えると焦りがちですが、まずは一息ついて、相手から出る「異議事由」を確認し、それに反駁できるよう思考を整えましょう。

02. 何でもかんでもすぐに撤回しない

　もう一つ、「質問に対する異議」が出された場合でしてはいけないのは、異議に応じてやすやすと質問を撤回してしまうことです。

　撤回された質問は、調書上残らず、なかったことにされてしまいます。これは録音反訳による調書作成が一般的となった現在でも変わりません。

　一般的に言って、相手方から「質問に対する異議」が出される質問のうち半分くらいは、重複質問であれ、意見を求める質問であれ、質問の内容や訊き方がかなりよいところを突いている可能性があります（もう半分は端的に質問がまずいというケースです）。

　異議が出されてもすぐに撤回するのではなく、落ち着いて、その質問を生かす必要があるかないかを瞬時に考え、その上で、質問の適切性・合理性を主張して異議に理由がないことを訴えるか、質問を変えるかを検討するようにしてください。

　例えば、主尋問、反対尋問、再主尋問それぞれの質問の範囲（規則114Ⅰ、→4章2-2）を超える質問について質問に対する異議が出された場合には、あなたは自分のした質問が相当であり、認められることを訴えて、そのクレームを退けなければなりません。ここで押し返しておかないと、あとの質問にも続けて異議が出されるおそれがあるからです。

　また、「してはならない質問」（規則115条2項各号のほか、不相当な質問一般を含む）についても、その質問を維持するために、あなたはそれら質問に「正当な理由」があることを訴えて、裁判長に対し質問の制限を行わないよう求めるべきでしょう。

　このような質問に対する異議が出された場合の対応は、その質問が制

限されるか否かのみならず、**以後の質問に対する相手方の異議の出しやすさにも影響します**から、やすやすと引き下がることは考えものです。

相手方からの異議は、例えると、強制執行ではなく保全命令の申立てのようなものである。多くの場合、争う余地は残されている。

CHAPTER.5
05 陳述書にない答えへの「異議」

01. 不意打ちの防止は是とされるか

　一部の実務家において、陳述書の証拠開示機能との関係で、**事前に提出された陳述書に全く書かれていないエピソードや言い分が尋問中に相手方から飛び出した場合には異議を述べて争うべきだ**という指摘がなされています。

　なるほど、不意打ち防止という考え方からすれば、事前に開示されるべき事項の事前開示がなかった以上、証拠調べの別期日を設け、十分に準備した上で反対尋問が実施されるべきだというのは、至極もっともな理屈に思えます。実に当事者的な視点ではありますが、意外にも、このような異議の対応が認められるべきとする裁判官も一定数おられるようで、不意打ち防止に関する裁判所の関心の高さがうかがえます。

　もっとも、この場合の「異議」の根拠については別途の考慮が必要と思われます。というのも、これまで見てきた質問に対する異議は単に「質

問を制限する」ものでしかなく、「質問に対する回答」について何らかの制限を加えるものではあり得ないからです。もとより、他の「異議」や裁判長の訴訟指揮も含め、尋問においてなされた答え自体に制限を加える手続や法的根拠は見出しがたいところです。

02. 裁判長の判断はいかに

陳述書に記載していなかった事項を尋問で答えることが訴訟手続法規に反するとまで言えるかは疑義があります。これに対するクレームを異議権（民訴90）の行使と構成するのも難しそうです。

この場合、上記の通り、相手方当事者としては、立証上の不意打ち防止の観点から、別期日での証拠調べ期日の指定を求めることになるはずです。そのため、そのようなクレームは**裁判長に対する期日指定の申立て**（民訴93Ⅰ）**と捉えるべき**であり、またそれで足りるのではないかと考えます。ただし、期日指定権については、条文上「申立てにより」（民訴93Ⅰ）とありつつも、当事者に期日指定の一般的な申立権があると考えるのは相当ではなく、「当事者の申出があったときは、職権発動を促す趣旨として理解すれば足りる」とするのが裁判所の見解のようです（裁判所書記官研修所『民事訴訟法講義案』84頁参照）。

このため、実際にこの場合の相手方当事者のクレームを認めて別の証拠調べ期日が指定されるか、あるいは証明力・証拠評価の問題であるとしてそのまま尋問を続けるかは、裁判長による事案ごとの判断になるでしょう（後者の対応が多くなるのではないかと思います）。期日を指定しないという裁判長の訴訟指揮に対してさらに異議（民訴150）を申し立てるかどうかは別途考慮が必要です。

陳述書を含めそれまでの手続中全く触れられていなかった事実が尋問で飛び出したときは、そのような経過自体が攻撃の材料となる。

【資料】尋問で問題となる異議一覧表

証人（当事者）に対する尋問順序の変更に対する「異議」

法的根拠	民訴法 202 Ⅲ（法 210 で当事者尋問に準用）
問題となる場面	通常、尋問の開始前、証人、当事者に対する尋問順序（民訴 202 Ⅰ）について、裁判長（裁判官）が変更を認めたとき（同Ⅱ）に不服を申し立てるために出す。
発し方の例	**「異議あり。その証人（当事者）で反対尋問（補充尋問）を先行させるのは不適当です。なぜなら…」** ※適宜、事案の内容や立証事項等から実質的な理由を加える。
相手方の対応	必要に応じて意見を述べる。
処理	裁判所が決定で異議について裁判をする（民訴 202 Ⅲ）。

尋問・質問に対する裁判長（裁判官）の裁判に対する「異議」

法的根拠		民訴規則 117 Ⅰ、同 113 Ⅱ・Ⅲ、同 114 Ⅱ、同 115 Ⅲ、同 116 Ⅰ（規則 127 で当事者尋問に準用）
問題となる場面		当事者の尋問や質問に対して、裁判長（裁判官）がした以下の判断（裁判）に不服がある場合
	ア	裁判長（裁判官）が当事者の再反対尋問以降の質問を許可した場合（規則 113 Ⅱ）
	イ	裁判長（裁判官）が、証人に対する尋問の順序（民訴 202 Ⅰ・Ⅱ）以外のタイミングで、**自ら尋問し**（規則 113 Ⅲ）、あるいは当事者に**尋問を許した**場合（同Ⅱ）
	ウ	裁判長（裁判官）が、主尋問、反対尋問、再主尋問それぞれの**質問の範囲（規則 114 Ⅰ）を超える質問**について相当でないとして制限した場合（同Ⅱ）
	エ	裁判長（裁判官）が「してはならない」質問（規則 115 Ⅱ）その他**不相当な質問について制限した**場合（規則 115 Ⅲ）
	オ	裁判長（裁判官）が当事者に対し、文書、図面、写真、模型、装置その他の適当な**物件を利用した質問を許可した**場合（規則 116 Ⅰ）
発し方の例		**「異議あり。その質問（質問の制限、質問の許可）は不適当です。なぜなら…」** ※適宜、立証事項、質問の構成、回答等から実質的な理由を加える。
相手方の対応		必要に応じて意見を述べる。
処理		裁判所が決定で直ちに異議について裁判をする（規則 117 Ⅱ）。

裁判長（裁判官）に質問制限の職権発動を促す「異議」（質問に対する異議）

法的根拠		民訴規則 114 Ⅱ、同 115 Ⅲ（規則 127 で当事者尋問に準用）
問題となる場面		相手方の質問に対し、それが主尋問、反対尋問、再主尋問の範囲（規則 114 Ⅰ）を超えるものであったり、「してはならない」質問（規則 115 Ⅱ）その他の不相当な質問であったりする場合に、その質問制限の職権発動を求める申立てである。
	ア	相手方の質問が主尋問、反対尋問、再主尋問それぞれの質問の範囲（規則 114 Ⅰ）を超えるものであって、かつ相当でない場合（同Ⅱ）
	イ	相手方の質問が「してはならない」質問（規則 115 Ⅱ）に該当するとき
	ウ	「イ」のほか、相手方の質問が不相当であるとき（個別的・具体的でない質問、誘導質問など）

発し方の例	1	主尋問、反対尋問、再主尋問の範囲を超える質問がなされた場合（規則114 Ⅰ違反の場合） **「異議あり。今の質問は主尋問に現れた事項と関連がなく、反対尋問で許される範囲を超えるものです。」**
	2	個別的・具体的でない質問がなされた場合（規則115 Ⅰ違反の場合） **「異議あり。質問が抽象的過ぎて不相当です。訊く内容を具体的にしていただきたい。」** ※個別的・具体的でない質問につき異議を認める明文規定はないが、不相当な質問として制限の対象となる。
	3	「してはならない」質問、その他不相当な質問が出た場合（規則115 Ⅱ違反の場合） ① 証人を侮辱し、困惑させる質問（規則115 Ⅱ①違反）の場合 **「異議あり。証人を侮辱する（徒に困惑させる）質問です」** ② 誘導質問（規則115 Ⅱ②違反）の場合 **「異議あり。不相当な誘導であり制限されるべきです」** ③ 既にした質問と重複する質問（規則115 Ⅱ③違反）の場合 **「異議あり。既にした質問と重複しており、制限されるべきです」** ④ 争点に関係のない質問（規則115 Ⅱ④違反）の場合 **「異議あり。今の質問は本件の争点と全く関係がありません」** ⑤ 意見の陳述を求める質問（規則115 Ⅱ⑤違反）の場合 **「異議あり。意見の陳述を求めるものであって相当でない質問です」** ⑥ 証人（当事者）が直接経験しない事実の陳述を求める質問（規則115 Ⅱ⑥違反）の場合 **「異議あり。本人が体験しない事実に関する質問で不相当です。」**
	4	誤導質問の場合 **「異議あり。誤導です。証人はそもそも○○の事実を認めていません」** ※誤導尋問は「してはならない質問」（規則115 Ⅱ）に挙げられていないが、不相当な質問として制限の対象となる。
相手方の対応		異議に従って質問を変えるのでない限り、1については「尋問の範囲を超えないこと」あるいはそれを訊くについて**相当な理由**（規則114 Ⅱ）があること、3①については「侮辱・困惑させる質問でないこと」、4については誤導でないことを主張し、その余の制限申立てについては**正当な理由**（規則115 Ⅱ但書）があることを具体的に主張して異議を争うことになる。
処理		裁判所は異議を認め相手方の質問を制限する（規則114 Ⅱ、115 Ⅱ）か、異議を却下する。この判断に対し、不利な判断を受けた当事者はさらに異議（規則117 Ⅰ）を申し立てることができ、これに対して裁判所は決定で直ちに裁判をする（同Ⅱ）。

第5章　異議の出し方と対応　213

COLUMN 5 特別な意味をもつ言葉に注意

　異議の派生的な問題として、少し気をつけておきたい点が**言葉の使われ方**です。質問・回答の中で用いられている**特定の用語について、質問者、回答者、裁判所の間できちんと意味の共有がされているかという問題**です。

　法的な用語には、その字面から**一般人の感覚で通常読み取れる意味よりも限定された意味を与えられている言葉**があります。

　例えば、ある人がある人に**財産を分け与える**場合、それを「財産分与」と表現しても日本語的にはなんら問題はなさそうに思えます。しかし、我々法律家の感覚からすると、「財産分与」は離婚（民 768）あるいは特別縁故者に対する相続財産の分与（民 958 の 3）の場合にのみ用いられる用語であって、贈与などそれ以外の場面で使うことは不正確と捉えられます。

　このほか、**請求**（民 147 ①）、**支払督促**（民訴 382）、**危険運転**（自動車運転死傷行為処罰法）など、法律家と一般人とでその意味するところや範囲が大きく異なる言葉は数多くあります。一般的な単語（「謝罪」や「譲る」など）でも、使われ方次第でやはり関係者間での齟齬が生じることがあります。

　このような意味の乖離に留意せずに漫然と質問をし、あるいは相手方の尋問を聞いていると、**質問も回答も客観的には個別的・具体的なのに、質問者と回答者の間で意味の齟齬があるために、正しい供述が得られない**という事態が生じます。これは裁判所の評価にも狂いを生じさせる上、調書化されるとこの齟齬を読み取って修正することが困難です。しかも、**このような意味の齟齬が質問者によって意図的に用いられることもある**のです。

　質問者としては、常に意味を明確にした質問を心がけるべきであり、例えば、単なる履行の催告の趣旨であれば、「支払督促」ではなく「支払を催促する行為」と言い換えるなどの工夫が必要です。相手方としても、一般的な使われ方と異なる限定的な意味をもつ用語が質問や回答で安易に用いられた場合、**質問に対する異議**や**裁判官の介入尋問**（規則 113 Ⅲ）を求め、意味をその場で明確にさせるべきです。

第6章

補充尋問・

介入尋問

CHAPTER.6

01 | 補充尋問とのつきあい方

01. 補充尋問とは何か

　補充尋問は条文上用いられている用語ではありませんが、これを定義すると、**当事者による尋問（主尋問、反対尋問、再主尋問、場合によっては再反対尋問以下も）が終わったあとで、その必要があると認められる場合に裁判長あるいは陪席裁判官が行う尋問**、ということになります。

　根拠規定は規則 113 条 3 項ですが、これはあとに見る裁判長の介入尋問の根拠と同じです。当事者の尋問中に割って入って行うのが介入尋問、当事者の尋問がひととおり終了したあとに行うのが補充尋問と、使われるタイミングで両者は区別されます（ただし、それぞれ行使されるべき場面は異なります。→本章 2 - 2）。

　以上は、裁判長の行う補充尋問ですが、合議体の陪席裁判官も補充尋問ができ、この根拠は裁判長の場合と異なっています（規則 113 Ⅳ）。陪席裁判官には自ら補充尋問の権限があるため、これを行う場合も「裁判

長に告げて」おけば足り、その許可は不要です。

　なお、裁判官の行う補充尋問のあとに、当事者（代理人）が裁判長の許可を得てさらに補足的に尋問をする場面がありますが、一般的にはこれは「補充尋問」とは呼びません（「再々主尋問」「再々反対尋問」などと呼ぶのが正しいでしょうか）。

▌02. 補充尋問の類型

　一口に補充尋問といっても、その目的とするところは種々あり、大別すると以下の4つの類型があると言われています（加藤新太郎編『民事事実認定と立証活動第Ⅱ巻』判例タイムズ社、55頁）。

① 尋問すべき要証事実の一部が欠けているから、裁判官として確認しなければいけないという場合
② 心証を得られなかった事項について訊く場合
③ 裁判官として心証を得たところを確認する、チェックするために訊く場合
④ 心証開示のために訊く場合

　これらの違いは相対的ですが、ある補充尋問としての質問が①〜④のどのタイプに当たるのかは、裁判官としては質問の趣旨・必要性を明確にするために意識しておくべきことでしょうし、当事者としても裁判官の質問の意味や意図、判決の内容を推し量る上で有用な視点です。

　このうち、③のタイプの補充尋問については代理人の立場として警戒すべきと思っています。というのも、この類型の補充尋問では、時として、**証人等に対して自分の得た心証に沿うような訊き方や評価がなされることがある**からです。言い方はよくありませんが、既に裁判官の中でできあがった判決の形に矛盾する枝葉を落としていくような訊き方がなされる場合があるのではないか、ということです。

第6章　補充尋問・介入尋問　217

03. 補充尋問は代理人泣かせ

「補充」とあるように、裁判長や陪席裁判官の行う補充尋問での質問は、当事者が行った尋問やそれに対する回答に関連しているもの、あるいは証人等の供述の信用度に関するものについて、補充的に行う場合に限られると考えるべきです。

このような補充性は、民事訴訟が当事者主義を中心に構築されていることの表れと言えますし、わが国の実際の民事訴訟で、当事者主導で証人等の尋問が行われる建前からすれば、それが本来あるべき姿であることは間違いありません。あとから訊く裁判官が自由に質問を行えるとするのであれば、尋問の順序（規則113）を定め、その内容に一定の制限（規則114）を加えた意味がなくなってしまいます。

ところが、**補充尋問のありようについての捉え方は法壇に座る人によって実に大きな差がある**、ということは知っておく必要があります。そしてそのような個々の裁判官の考え方の違いは、そのまま補充尋問の使い方に現れます。

補充尋問や介入尋問を行うについてはできるだけ謙抑的であるべきだと考える裁判官が多くいる一方で、まるで当事者の尋問など存在しなかったかのように、訊きたいことを訊きたいように訊くという裁判官もいます（当職60頁参照）。

後者のような裁判官によって補充尋問が行われた結果、当事者代理人が練り上げた質問と答えの枠組みが崩されてしまったり、あるいは相手方との力の差で引き出せた有利な供述の効果が減殺されたりということがしばしば起こります。

また、補充尋問で訊かれる事項が多いと、傍目には「本来、代理人が訊いておくべきことを落としていたのではないか（あるいは、少なくとも裁判官はそう捉えているのではないか）」と見えることがあり、依頼人の手前代理人としても心穏やかではいられません。

そういったわけで、裁判所の心証をうかがい知る材料になるという面

があるとはいえ、**裁判官による積極的な補充尋問を歓迎する代理人はお そらく少数派**でしょう。

04. 補充尋問を異議で阻止できる？

　では、裁判官からの好ましからぬ補充尋問について、当事者や代理人 の立場で何か有効な手立てはあるのでしょうか。

　例えば、裁判長や陪席裁判官から出た質問が、いずれの当事者も質問 したり回答したりしていない事項に関するものであったとき、そのよう な質問をすることについて**異議を出す**ことが考えられます。

　この場合の異議は、裁判長の裁判に対する異議（規則 117 Ⅰ）でも、当 事者の質問制限の職権発動を促す異議（質問に対する異議、規則 114 Ⅱ、 115 Ⅲ）でもなく、**訴訟指揮等に関する異議**（民訴 150）に当たります（当 職 61 頁）。すなわち、裁判長や陪席裁判官が証拠調べ期日という「口頭 弁論の期日」において、補充尋問という形で「当事者に対して問いを発し」 たこと（民訴 149 Ⅰ・Ⅱ）について、異議を述べるものです。

　この異議が出された場合、裁判所は決定でその異議について裁判しな ければなりません（民訴 150）。

　ところが、こういった場面で当事者からの「異議あり！」に対して裁 判所が「（ヒソヒソヒソ…）合議の結果、いまの裁判長の質問は適切でな かったので撤回します」という展開は、どうにも想像し難いところです。

　裁判官が質問を発したということは、**少なくともその裁判官自身はそ の質問が必要であると判断した**ということですから、異議を出したとこ ろでその質問が撤回される可能性はどうしても低くなります。また、か なり多くの裁判官は、自分の振る舞い、特に（証拠の採否などではなく） 尋問での質問の仕方について当事者から異議が出されるなどという事態 を想定していません。

　要するに、ひとたび補充尋問での質問が出てしまうと、**その質問を止 めるために当事者の立場でとれる有効な手立てがない**のです。

　もちろん、異議を出すということは、（通るか否かにかかわらず）当

第 6 章　補充尋問・介入尋問　**219**

事者の立場で、**裁判官に対して、補充尋問の仕方や対象とすべき範囲について警鐘を鳴らすという意味**はありますから、全く無意味であるとまでは言えません。不用意な補充尋問に対して異議を出すことで、その後、裁判官も気を遣って以後の質問が慎重になるということはあるでしょう（ここは相手方の質問に対する異議と同じです）。

ですが、全国で 3,700 人ほどいると言われる裁判官のうちに、「私の質問に対してケチを付けるとはけしからんやつだ」と感じてしまう人が 1 〜 2 名、**あるいはもう少しいたとしても不思議はないのです**。裁判官たるもの、そういった個人的な感情と事案の判断とは完全に切り離されているので全く心配には及びませんが、とはいえ、ごくごく稀に当事者や代理人に対するネガティブな感情が判断に混入してしまうケースも全くないとは言い切れません。

■ 05. 仕事ぶりで裁判官の信頼を得よ

となると、代理人としては、そのような補充尋問が出てから裁判官とコトを構えることを考えるよりも、**好ましくない補充尋問が出ないようなやり方を考える方がスマートではないか**、と私は思うのです。

とはいえ、多くの事件に判断者として接している裁判官は、一般の代理人が想像する以上に事実関係と証拠構造の把握に長けているため、「当事者が質問を避けている事項」がどこかというのはすぐにわかります。ですから、「あえて触れていない点を裁判所に気付かせない」というのはおよそ現実的ではありません。

また、反対尋問で予想外に不利な事項が飛び出した場合、あなた自身はスマートに撤退したつもりでも、裁判官は（仮眠をとっていたというのでもない限り）そのような攻めどころを見逃すことは普通ありません。

ですから、あなたが訊いていない事項について**「あの代理人は理由があってあえて訊いていないのだろう」と裁判官に思わせること**、それこそがあなたが目指すべきところです。

質問の流れが悪く、たどたどしくつっかえがちであったり、訊く内容

があちこち飛んだりというのでは、事実関係の中であなたが触れなかった箇所は、「あえて避けたのではなくうっかり訊き漏らしただけだろう」という印象を強めてしまいます。補充尋問について抑制的な裁判官であればそのままドライに流してくれそうなものですが、**実体的な真実発見を目指すタイプの裁判官**にかかると、「仕方ないから補充尋問で確認しておいてやろう」という有り難くない流れになりがちです。

　主尋問であれ、反対尋問であれ、**質問の流れや構成を練り、テンポよく行うことで、あなたが質問者としての力点をどこに置いているのかを裁判所に感じさせることが必要**です。そのためには、「自分の負う立証事項のどの部分をカバーしなければならないのか」を明確に意識し（→3章1）、無駄な質問を挟まない、一本の流れを作るという点が重要です。

　また、実際の流れ自体はそれほどスムーズでなかったとしても、少なくとも「この代理人はよく準備した上で尋問に臨んでいるな」という印象を与えることで、補充尋問を抑制的にさせる効果はあります。そのためには、尋問の手控え（→3章3）は必ず作るべきでしょうし、基本的な事実関係の指摘や証拠の提示にあたふたしている態度を見せるのも避けたいところです。

　主尋問であれば、裁判所に提出する尋問事項書にも工夫の余地があります（単に詳細に書くのがよいというわけではありません）。要するにあなたが**その証人等への尋問で取り上げようとしている事項、個々の質問が、立証上、どのような意味を持っているのかを意識して項目を絞る必要がある**ということです。何のために訊くのかよくわからない質問や事項を並べるべきではありません。

　また、尋問前の最後の弁論準備期日で、あえて当事者の立場から、各証人等について「証人Aについては、金銭授受の事実についての認識を確認し、主尋問10分、反対尋問5分、そのあと必要があれば裁判所から少し訊かれるということですね」というように、立証事項、尋問すべき範囲・内容を念押しで確認しておくというのも、無限定・恣意的な補充尋問を封じる上で一定の意味があるのではないかと感じています。

第6章　補充尋問・介入尋問　　221

もともと、**当事者と裁判官とで見ている景色が違う**からこそ、こういった補充尋問のあり方についての考えに差異が生じるのですが、手続の構造的に尋問の現場でそれを押さえることは困難です。

　補充尋問の頻度は裁判官の尋問者に対する信頼の程度にもよりますから、代理人としては、証拠調べの場面はもちろんのこと、書面や弁論準備でのやりとり、あるいは個別の事件を離れた普段からの裁判所との関係、立ち居振る舞い方で、裁判官の信頼を得られるように心がけたいものです。

補充尋問で「補充」されるのは、あなたの側の立証上不十分な点ではなく、裁判所が思い描く判決を書く上で足りない部分である。

CHAPTER.6
02 介入尋問とのつきあい方

01. 介入尋問とは何か

　介入尋問というと、裁判官が行うもののみを指すように思いがちですが、これには次の3つの種類があります。
　① 裁判長が行うもの
　② 陪席裁判官が行うもの
　③ 当事者が裁判長の許可を得て行うもの
　これも条文上の用語ではありませんが、介入尋問を定義すると、**主尋問、反対尋問その他の尋問の途中で、裁判長、陪席裁判官、あるいは現に尋問を行っている当事者等以外の当事者等が、証人等に対して行う尋問**ということになります。
　条文上の根拠は、裁判長と許可を得た当事者が行う場合が民訴規則113条3項、陪席裁判官が行う場合が同4項です。

02. 補充尋問との違い

❶ 介入尋問・補充尋問それぞれの特徴

その定義からもわかるように、介入尋問と補充尋問とではその主体とタイミングに差があるわけですが、その使われ方も異なっています。

補充尋問は、主尋問や反対尋問、再主尋問、あるいはそれ以降の当事者等による尋問のあとに行われることが予定されていますが、介入尋問は、誰かが尋問をしている最中に文字通り介入する形で行われるものです。

介入尋問は、実務では、裁判官により行われることがほとんどなのですが、先に見たような質問に対する異議（→5章4）と同様、他のプレイヤーの尋問の流れを遮る側面があるため、それを行うだけの必要性がなければならず、理論的に補充尋問よりも許容される場面は限られることになります。

❷ 介入尋問こそ「補充的」たれ

裁判官による介入尋問は、当事者等の立場からすると予定した流れを邪魔されるという意味で有り難くないことの方が多く、「裁判官は介入尋問に謙抑的であるべきだ」とする見解が多いのも理解できます（コンメ231頁、尋問技術274頁）。

そのためか、補充尋問では結構訊きたがるけれども介入尋問には消極的という裁判官は少なくありません。また、裁判官によっては、当事者等による尋問中、加えて訊いておくべきと考えた事項について、介入尋問を行うのではなく「○○の点も訊かれてはどうですか」と促すケースもあります。

介入尋問は、**補充尋問を待つのではその尋問の目的を達成できないか、適当とは言えない場合に、必要最小限度の質問に限って許される**と考えるべきです。

すなわち、介入尋問は補充尋問以上に補充的であるべきで、このような理解は、わざわざ尋問の順序（規則113）を定め、その内容に一定の制

限（規則114）を加えた規則の趣旨に沿い、当事者主義や交互尋問の制度趣旨にも適います。

03. 介入尋問がなされる場合

❶ 介入尋問が許容される場合

　介入尋問が許容されるのは、具体的には、質問や証人等の答えが不明瞭・不十分だけれども補充尋問で再度掘り起こして訊くのでは時間的にも尋問の流れ的にもロスが大きい場合でしょうか。例えば、

① 証人等の述べた内容が直接の体験か伝聞かが明瞭でないため、それを確認する場合
② 証人等の答えに現れた初出の固有名詞や指示語の意味、述べられた認識や事実の時的要素を明らかにしておくために質問する場合
③ 証人等が身振り（ジェスチャー）で答えたところ尋問者がそれを明確化する質問（→3章6-5）をせずに先に進もうとしたためにそれを明らかにしておく場合

などには許されるといえるでしょう。こういった「**尋問結果を明瞭にする介入尋問**」は、当事者等による質問で出た証人等の答えの内容を明確化するものであって、当事者等が予定していない新たな事項を介入的にぶつけるものではなく、また尋問の流れを変えるものでもありません。

❷ 補充尋問に委ねてもらいたい場合

　前記①〜③とは逆の場合もあります。

④ 現れた質問・答えのやりとりに関連した事実を訊いておく場合
⑤ 客観的事実・証拠との矛盾について確認しておくべき場合

　以上の場合に行う尋問（**尋問結果に加えて行う介入尋問**）については、（事案や供述の内容にもよりますが）原則として、補充尋問を待って訊

第6章　補充尋問・介入尋問　225

くべきでしょう。先ほどのケースと異なり、こういった質問は通常、補充尋問で訊いても目的は達成できるため、尋問で現れた内容に関連するものではあっても本来の尋問の流れを止めてまで質問を認める実益に乏しいからです。

❸ 望まない介入尋問への対処法

当事者等としては、前記④⑤のような好ましくない介入尋問が出た場合に「今の点もまとめて補充尋問でお聞きいただけないか」とやんわり指摘することが考えられますが、やはりそのような**介入尋問が出ないようなやり方を考える方がスマート**だと言えます。

基本的な対策ですが、まず、上記④⑤の**尋問結果に加えて行う介入尋問を防ぐ手立て**は補充尋問の場合（→本章1‐4）と同様です。

他方、介入尋問が行われるのは、尋問者の尋問技術の不備が原因である場合が多いとされており（尋問技術275頁）、こういった場合には上記①～③の**尋問結果を明瞭にする介入尋問**がなされます。こちらの方は、現に行われている尋問に対する侵襲度、影響度はさほどでもないのですが、やはり当事者等の立場としては、できるだけ介入尋問は避けたいところです。これを防ぐためには、**証人等の供述で不明瞭・不十分な点について、自分で質問を加えて明瞭にする対応をきちんととっておく**、ということに尽きます（→3章6‐5）。

▌ 04. 当事者等による介入尋問

先ほど見たように、当事者等も裁判長の許可を得て介入尋問を行うことができます（規則113Ⅲ）。

もっとも、一方の当事者等による尋問が行われている最中に、他方の当事者等からの質問を認めるべき場合というのは、実際にはかなり限定されるでしょう。

例えば、相手方当事者等の質問が誘導であったり不明瞭であったりする場合には、異議（質問に対する異議、→5章3）を出して質問を適切な形に変えるよう促せばよいだけの話ですし、証人等の答えの内容に不自然、

226

不合理な点がある場合、それはまさにあとに回ってくる自分のターンで質問すべき部分です。それゆえ、当事者等による介入尋問というのは、実務では極めてレアなケースです。

　ちなみに、仮に裁判長から他方当事者等に対する介入尋問の許可が出た場合、尋問中の当事者等はその判断に対し異議を述べることができ（規則117Ⅰ、113Ⅲ）、この異議に対して裁判所は決定で直ちに判断しなければなりません（→5章1-2）。

介入尋問は、法事や帰省で会うたびに「就職（結婚）決まったんか？」と聞いてくる親戚のような鬱陶しさがある。

補充尋問・介入尋問の受け止め方

　よく**「訴訟代理人が勝つために尋問をするのに対し、裁判官は真実を発見するために尋問をする」**と言われますが、これはしばしば、当事者主義に反した不用意・無神経な補充尋問、介入尋問を生む要因として指摘されています。

　しかし、形式的真実発見主義のもとで、こうした事件への関わり方や求められる役割の違いから、**訴訟代理人と裁判官とで尋問に関するスタンスの違いが生じることはむしろ当然**で、これは齟齬（本来是正されなければならない不一致）という捉え方がなされるべきものではありません。

　訴訟代理人としては、そのような違いがあることを前提に、尋問を準備し、現場での振る舞い方を考えるということが大切ではないかと思うのです。

　また、本文中にも書いたように、当事者や訴訟代理人の立場で、裁判所の補充尋問・介入尋問をコントロールする方法には限界があるのですが、視点を変えて、これらのよい面を見つめることで見えてくるものもあるはずです。

　例えば、介入尋問や補充尋問が出たことで、**自分の質問の形式的な問題に気付かされる**ことがよくあります。回答中の指示語の具体化を忘れていた、質問の時的要素の特定が不十分だった、当然確認しておくべき不明な点をそのままにしていたなど、いずれも改善すべきパターンです。

　また、これら**裁判官の行う質問の内容から、その問題意識や心証を垣間見ることができる**という点も見過ごせません（補充尋問が一切出なかったために、**どっちに転ぶかわからない不安**を感じてしまったことがきっとあなたにもあるはずです）。

　そこで垣間見えた景色が自分の持っていた見通しと大きく異なるときは、方針を軌道修正したり、場合によっては裁判官の心証の方を動かすような追加の主張・立証を検討したりという対応が必要になります。

　想定外の補充尋問・介入尋問が出てしまったときに、**なぜそのような質問がなされることになったのか**という目で見ることで、自分の尋問を見つめ直すよい機会になりますよという、ちょっと説教臭いお話でした。

第7章

鑑定人質問

CHAPTER.7

01 鑑定人質問とは

01. 鑑定人質問を理解しよう

　尋問と似た制度に鑑定人質問（民訴215の2）があります。

　これは、鑑定（民訴212Ⅰ）が採用された事案で、鑑定意見が口頭で述べられる場合（民訴215Ⅱ）に、その趣旨や根拠を明らかにするために、裁判所や当事者が鑑定人に対して行う法廷での質問手続であり、鑑定という証拠調べ手続の一部です。

　当初の意見が書面で述べられ、その補充鑑定（民訴215Ⅱ）での意見が口頭で述べられる場合も含みます。

　手続の構造は証人尋問に似ていますが、証人と鑑定人（証言と鑑定意見）の性質的な違いから、鑑定人質問では、一部、証人尋問とはやや異なった制度設計がなされており、それに臨む当事者としても、尋問とは少し異なる理解や準備が必要です。

　以下では、尋問手続との違いに触れつつ、鑑定人質問の場合の当事者

としての注意点について触れておきます。

02. そもそも鑑定とは

　鑑定は、**特別の学識経験を有する第三者に、専門の学識経験に基づいて、法規、慣習、経験法則など、およびそれらを適用して得た判断の結果を裁判所に報告させ、裁判官の知識を補充して判断を可能にするための証拠調べ**を指し、この鑑定における証拠方法を鑑定人といいます（コンメ277頁）。

　証人も当事者以外の「第三者」が証人能力を有することになるため（→1章2）、当事者以外の第三者が人証の証拠方法になるという点で証人尋問と鑑定とは共通します。

　ただし、証人尋問で得られる証言は、証人自身が経験した過去の事実やそれに基づく判断を述べるものである一方、鑑定意見は、鑑定人が有している経験則や法則、あるいはこれに基づく具体的判断を提供するものであるという点で、大きな違いがあります。

　比較法的に見ると、鑑定人については、判断権者である裁判官の補助者と見るか証拠方法と見るかで位置づけに大きな対立があります。その点、わが国の民事訴訟法制においては、相当以前から、後者の考えをとり、鑑定を証人尋問や当事者尋問に並ぶ証拠調べ（人証）の一類型として位置づける考え方が定着しています。

　とはいえ、裁判所が鑑定人を指定すること（民訴213）、鑑定人が証人等に対して直接に質問できること（規則133）などから、現行法のもとでも、鑑定人が裁判所の補助者としての性格も有していることは否定できません。すなわち、わが国の民事訴訟法における**鑑定人は、証拠方法であると同時に、裁判官の補助者としてその事実認定や判断を助ける性格も併せ持つ**ということが言えます。

　このことから、鑑定人については、単に当事者から離れた「第三者」というだけでなく、その中立性が強く求められることになり（**鑑定人の中立性**）、この点も証人との大きな違いです。

第7章　鑑定人質問　**231**

鑑定人について、忌避の制度（民訴214）が定められていること、証人の場合よりもその資格要件が厳格であること（民訴212Ⅱ）、（あとに見るように）鑑定人質問に証人尋問とは違った独自の規定（規則132の3〜133の2）がおかれていることも、この証人尋問との違いや中立性確保の要請の現れと言えるでしょう。

　もっとも、このような位置づけ・役割の違いはあっても、人証の証拠調べ手続であるという点で共通することから、鑑定手続には証拠調べ手続の規定が多く準用されています（民訴216、規則134）。

03. 鑑定の実施方法

　鑑定は、鑑定を申し出た当事者とその相手方双方の意見を聴いて、裁判所が鑑定人に意見を求める対象である鑑定事項を定めます（規則129Ⅰ〜Ⅳ）。

　そして、この鑑定事項の送付を受けた鑑定人は、書面あるいは口頭の方式で意見の陳述を行いますが（民訴215Ⅰ）、必要に応じてさらに補充の意見が述べられることもあります（同Ⅱ）。

　なお、鑑定は一人の鑑定人に依頼される場合もあれば複数人に各別にあるいは共同鑑定という方式で依頼される場合もあります（規則132Ⅰ）。

　特に近時の医療過誤訴訟では、複数人による鑑定のほか、**カンファレンス方式の鑑定**が行われるケースが見られます。これは、原則として3名の鑑定人が事前に鑑定事項に対する意見を簡潔な書面にまとめて提出した上で、口頭弁論期日において口頭で意見を陳述し、鑑定人質問に答えるという方式です（コンメ303頁）。まさに、複数の鑑定人による会議（conference）の方式によって行われるものですが、鑑定の公平性・客観性が増すだけでなく、個々の鑑定人の負担が軽減されるため、鑑定人確保困難という問題を解消できるという指摘があります。

04. 鑑定に似た鑑定の嘱託

　鑑定（民訴212Ⅰ）に似た、けれども区別される制度（あるいは証拠方法）

として、**鑑定証人**（民訴217）と**鑑定の嘱託**（民訴218）があります。

　このうち鑑定証人については既に触れたので（→1章2-2）、ここでは鑑定の嘱託について、簡単に鑑定との違いを確認しておきます。鑑定の嘱託は、裁判所が官庁若しくは公署、外国の官庁若しくは公署又は相当の設備を有する法人に鑑定を嘱託することを言います（民訴218Ⅰ）。手続の上では「鑑定嘱託」という呼称の方が一般的でしょうか。

　鑑定では「鑑定に必要な学識経験を有する者」（民訴212Ⅰ）として、自然人が証拠方法になることが想定された規定になっています。これに対し、鑑定の嘱託では「官庁若しくは公署」、すなわち行政機関や地方公共団体などの公的団体（外国の場合も同様）のほか、「相当の設備を有する法人」として、相応の規模の民間研究機関・団体なども嘱託の対象となります（争いあるものの、法人格を有していない団体に対してもこの嘱託が可能とするのが多数説です）。そして、嘱託先から得られる「鑑定嘱託の結果」が証拠資料となります。個人に鑑定を命じる場合と違って、**組織として蓄積・集積した情報や知見・経験を用いた事項について、専門的・技術的な知見をもとに得られた判断の結果を証拠としたいとき**には、この鑑定の嘱託の制度が適しています。

　鑑定の嘱託は、鑑定よりも手続が簡易であり、また、嘱託先の法人が組織として行うため、より高度で適切な判断が可能であるとも指摘されています。その上、あとに見るように鑑定の嘱託では鑑定人質問を受けることがないため、嘱託先が鑑定を引き受けやすいということも指摘されています。ただし、別途、鑑定証人等として尋問が申請される可能性はあります。（岡口基一『民事訴訟マニュアル（上）』ぎょうせい、2015、379頁）。

　現状では、この鑑定の嘱託は鑑定ほど利用されていない印象がありますが、例えば、今後、特定の企業が得たビッグデータを活用した自然科学・情報技術に関する事項の分析結果などが、鑑定の嘱託の活用によって証拠化できるのではないかと期待されます。

　鑑定同様、鑑定の嘱託も当事者の申出によって行われることが予定されており（規則136、129Ⅰ）、その主体が裁判所であるとはいえ、職権

で鑑定の嘱託が行われるケースはほとんどありません。申出の際は、申し出る当事者は「証明すべき事実」と「鑑定嘱託事項」を特定すればよく（規則136、129Ⅰ）、鑑定嘱託先は採用する際に裁判所で選定されます。

また、鑑定の嘱託では、嘱託先が鑑定を行うに当たり、**宣誓も不要**です（規則136参照）。

鑑定の嘱託については、「宣誓に関する規定を除き、」鑑定に関する規則の規定（規則129～135）が準用されるとされていますが（規則136）、嘱託先の義務は鑑定嘱託の結果を裁判所に提出することに尽き（コンメ346頁）、鑑定人質問（民訴215の2）に関する規定（規則132の3～133の2）のように、**鑑定を行った者が裁判所に出頭して行う陳述に関する規定は準用されない**と考えられています。

鑑定嘱託の結果に不明瞭な点があるなど裁判所が必要と認めるときには、嘱託先の指定した者に、口頭弁論期日に鑑定嘱託の結果の説明をさせることができます（民訴218Ⅱ）。この説明の内容は、既に提出された鑑定嘱託の結果と一体のものとして証拠資料となりますが、鑑定人質問の規定が準用されないため、この出頭した説明者に対して当事者が質問を発することは、鑑定の嘱託という手続の枠内では認められていません。

そのため、当事者がこの説明者に対して質問を発したいと考える場合には、その質問の内容に応じ、**鑑定人に準じて（つまり鑑定人質問の方法で）、あるいは鑑定証人として、宣誓を命じた上で質問（尋問）する別途の手続が必要**となります（コンメ347頁）。

鑑定人質問でも、証人尋問・当事者尋問の質問に対する異議と同様、不相当な質問に対する異議の制度が認められている（規則132の4Ⅳ）。

CHAPTER.7 02 鑑定人質問と尋問の違い

01. 鑑定制度の背景と手続の構造

　鑑定人質問は、鑑定（民訴212Ⅰ）が採用された事案で、鑑定意見が口頭で述べられる場合（民訴215Ⅰ）に、その趣旨や根拠を明らかにするために行われ、証人尋問の規定を一般的に準用するのではなく、鑑定人質問独自の規定（規則132の2など）も設けられています。

　例えば、まず最初に鑑定人の口頭での意見陳述が行われ、そのあとに裁判長、鑑定を申し出た当事者、相手方当事者という順番で質問を行うという点は証人尋問と異なっています（民訴215の2Ⅰ・Ⅱ）。また、陪席裁判官の質問権限も根拠規定は証人尋問の場合（規則113Ⅳ）と異なっています（規則132の3Ⅱ）。

　以上は法令の定めの上での違いですが、手続を進める当事者の立場からも、鑑定人質問と証人尋問・当事者尋問とは明確に区別しておく必要があります。

02. なぜ鑑定人「尋問」ではなく「質問」？

「鑑定人尋問」ではなく「鑑定人質問」とされているのは、鑑定人に敬意を払うという趣旨のほか、鑑定意見という形で既に専門的知見の適用の結果を表明している鑑定人に対して、その趣旨や根拠を明らかにすることを求めるという特質を表現するためと説明されます（コンメ328頁）。

平成15年の民訴法改正までは「鑑定人尋問」という呼称が使われていたのですが、「尋問」というと問いただすニュアンスが強く、中立な鑑定人に、既に出された鑑定結果の内容について問いかける手続についてはどうもしっくりきません。

このような呼称の違いは、一見些末なようですがちゃんと意味があり、**当事者の側でも、証人尋問や当事者尋問と鑑定人質問とを、区別して対応を考えなければなりません。**

具体的には、本章3に述べます。

「尋問」と「質問」という呼称の違いは、証人・当事者と鑑定人の実質的な立場や役割の違いに由来している。

CHAPTER.7
03 鑑定人質問で留意すべきこと

鑑定人質問は真剣勝負

01. 留意すべき法令上の規定

　実は、平成15年の民訴法改正までは、その証人尋問との形式の類似から、「鑑定人尋問」について証人尋問の規定を包括的に準用するという形がとられていました。もっとも、鑑定人に対する質問手続と証人尋問とでは、既に見たように人証の立場や役割といった特性に大きな違いがあるため、上記改正の際に、新たに条文上「鑑定人質問」という名称が与えられ（民訴215の2）、独自の規定がおかれることとなったという経緯があります。

　鑑定人質問の定めを確認していきましょう。

❶ 質問の順序等に関する定め

　鑑定人質問では、鑑定人の口頭での意見陳述（民訴215の2Ⅰ）のあと、裁判長の質問、鑑定を申し出た当事者の質問、相手方当事者の質問、鑑定を申し出た当事者の再度の質問という順番で行われます（同Ⅱ、規則

132 の 3 Ⅲ。ただし、場合により変更可。民訴 215 の 2 Ⅲ)。

　この質問の順序は鑑定人質問独特のものですが、裁判長や当事者の介入質問（規則 132 の 3 Ⅰ)、陪席裁判官独自の質問権限（同Ⅱ)、「鑑定の申出をした当事者の再度の質問」よりあとの質問（同Ⅳ)等、証人尋問での定めにそのまま対応する同様の定めが鑑定人質問でもおかれています。

❷ 鑑定人質問の制限

　当事者の立場で意識しておくべきなのは、**鑑定人質問の場合の質問の制限に関する規定**でしょうか。

　① **質問一般についての定め**（規則 132 の 4)

　鑑定人質問は、**鑑定人の意見の内容を明瞭にし、又はその根拠を確認するために必要な事項**について行うものです（規則 132 の 4 Ⅰ)。そもそもの鑑定事項と関連しないことを、鑑定人質問の場で追加的に質問するといったことは予定されていませんし、質問を認める実益もありません。

　また、**質問は「できる限り、具体的に」**しなければならないとされています（同Ⅱ)。ここで、「できる限り、個別的かつ具体的に」とする証人尋問に関する定め（規則 115 Ⅰ、→ 1 章 3 - 2)との違いに気付きます。**鑑定人質問では「個別的に」すること、つまり一問一答形式で答えを求めることまでは要求されていない**ということです。

　これは、専門的知見を適用した結果を陳述する鑑定意見の内容を明瞭にし、またはその根拠を確認する際には、証人尋問に採用される一問一答形式は、必ずしも適切ではないためです（コンメ 330 頁)。

　尋問の一般的ルールである、「個別的かつ具体的に」（規則 115 Ⅰ)は、意味のわかりにくい質問や理解しにくい回答を防ぐところに目的がありました（→ 1 章 3 - 2)。ところが、専門的知見を有し、既に鑑定事項について検討を加えて一定の意見を形成している鑑定人と当事者との間では、既に相当程度、問題意識が共有されていますから、そのような懸念は少ないのです。

　その判断の根拠の説明を求めるためにはいちいち細切れの質問と回答のやりとりを重ねるよりも、むしろ会話に近い形で、質問したいところ

を説明し、鑑定人に自由な回答を求める方が、鑑定人も質問の趣旨を捉えやすく、また鑑定人の意見の理解も容易になることがよくあります。

例えば、鑑定人質問では「鑑定人は、鑑定意見書3項の回答で『心停止後5分以内の処置で救命できた可能性はあると考える』と記載しておられますが、その可能性の程度はどの程度だと考えられますか。たとえば数％程度なのか、20〜30％なのか、またそれ以上なのか、そう考える根拠とともにお教えいただけますか」といったような質問の仕方も許されるでしょう。

② 個々の質問についての定め

次に、鑑定人質問における個々の質問について制限事由を見ておきましょう。

鑑定人質問で「してはならない」質問として規則上定められているのは以下の4つです。

(ア) 鑑定人を侮辱し、又は困惑させる質問（規則132の4Ⅲ①）

(イ) 誘導質問（同②）

(ウ) 既にした質問と重複する質問（同③）

(エ)「鑑定人の意見の内容を明瞭にし、又はその根拠を確認するために必要な事項」に関係のない質問（同④）

どこかで見たような規定だと思ったら、これも証人尋問における「してはならない」質問（規則115Ⅱ）の1〜4号に対応するものであることに気付きます。

このうち、(イ) 誘導質問、(ウ) 既にした質問と重複する質問については、「正当な理由」があるときは制限が解除されます（規則132の4Ⅲ柱書及び但書）。

少し注意が必要なのは、証人尋問では「争点に関係のない質問」についても「正当な理由」があれば制限が解除されたのに対し、鑑定人質問では、**鑑定意見の明瞭化やその根拠の確認**（同Ⅰ）に関係のない質問は例外なく制限されるという点です。

逆に、証人尋問の場合に「してはならない」とされていた、「意見の陳

第7章 鑑定人質問 239

述を求める質問」（規則 115 Ⅱ⑤）、「証人が直接経験しなかった事実について
いての陳述を求める質問」（同⑥）は、鑑定人質問では「してはならない」
質問に挙げられていません（規則 132 の 4 Ⅲ参照）。

　これは、鑑定人が、（証人と違い）自身が経験した過去の事実やそれ
に基づく判断を述べるわけではなく、その有している経験則や法則、あ
るいはこれに基づく具体的判断を提供するものであることによります
（なお、鑑定証人について→ 1 章 2 - 2）。

　ですから、「この時点で被害者について聴取された心雑音はどのよう
な要因によって生じたものであったと考えられますか。鑑定人のご意見
をお聞かせいただきたい」といった、鑑定人自身が経験しない事項につ
いて意見を求めるような質問も、**鑑定意見の明瞭化やその根拠の確認に**
関係する事項である限り、鑑定人質問では「正当な理由」の有無を問わ
ず許されるのです。

02. 鑑定人質問に臨む当事者のあり方

　以上は、法令上の定めに関する問題ですが、手続を進める当事者の立
場からも、以下のような点に留意し鑑定人質問と証人尋問・当事者尋問
とを明確に区別しておく必要があります。

❶ 鑑定事項・質問事項を入念に詰める

　鑑定人質問は、証人尋問・当事者尋問とは証拠資料としての位置づけ
や取り調べの方法が異なります。

　これを質問と回答のやり方という点で見ると、書面での意見陳述（民
訴 215 Ⅰ）が行われるケースが多いこと、口頭での意見陳述の場合には、
鑑定人の意見陳述のあと、裁判長、当事者という順序で質問が行われる
ことという大きな違い（民訴 215 の 2 Ⅰ・Ⅱ）があります。

　当事者が質問を行う場面では、既に書面あるいは口頭の陳述によって、
鑑定人の意見の大半が現れているため、**鑑定人質問ではその内容のどの**
部分を自分に有利に（相手に不利に）掘り下げていくかという判断が中
心となります。逆に言うと、不用意に踏み込んで、自分の側に不利な供

述が飛び出すという懸念は尋問の場合に比べると比較的少ないということです。

　こう書くと、「尋問に比べて楽なのでは」と誤解されそうですが、鑑定と鑑定人質問では尋問とは違ったところに力点を置く必要があります。

　前述したように、鑑定では、鑑定人の意見陳述を求める前に、必ず裁判所から鑑定人に鑑定事項が送付され（規則129Ⅳ）、これに答える形で意見陳述が行われます。そしてこれは補充鑑定の場合の更に意見を求める事項についても同様です（規則132の2Ⅴ）。

　これらの鑑定事項は、前述したように当事者双方の意見を聴いて裁判所が定めるのですが、ここで必ず当事者同士のせめぎ合いが起こります。

　一般的に言うと、鑑定人は、当事者や事案の関係者と利害関係がなく、中立の立場に置かれていることもあり、**鑑定事項に対して専門技術的な観点からできる限り正確かつ誤解を与えないような内容で、過不足なく意見を述べようとする傾向**があります。

　このため、鑑定では訊き方一つで、引き出される答えの見え方が大きく変わってしまうことが多く、**鑑定事項**（規則129Ⅳ、132の2Ⅴ）**がどのような内容であるかは鑑定人、当事者双方にとって極めて重要**です。

　当事者としては、鑑定事項に関する相手方の意見について、誘導的（誤導的）な内容になっていないか、証明すべき事実に照らして過度に広範であったり限定的であったりしないか、質問の内容が適度に具体的か（あるいは場合によっては適度に抽象的か）、巧妙な論点のすり替えになっていないかといった批判的な目線で精査し、必要であれば加除修正を求めることになります。

　例えば、医療訴訟で医師の処置の不履行が問題となっているとき、医療者側当事者の鑑定事項意見に「**常に〜するべきでしょうか**」「**必ず〜しなければならないと考えられますか**」といった質問が入っている場合、「常には〜しない」「必ず〜すべきとまではいえない」という鑑定人の答えを引き出しやすくなります。ところが、これでは当該事案での当事者の判断・対応が適切であったのかどうかという核心部分にはたどり着け

ません。そして、そういった答えは、処置の不履行という過失を争いたい医療者側当事者には有利に働く一方、患者側当事者にとっては債務不履行や過失の存在を裏付ける根拠として使えない（むしろ不利に働く）という点で、非常に扱いづらいものになってしまいます。

この場合、患者側当事者としては「どのような場合に、〜の処置を行うべきだと考えられますか。またそう考えられる具体的な根拠をご提示ください」といった形の質問に変えさせなければなりません。

また質問が抽象的過ぎて、いつの時点の誰のどのような判断や処置の適切さを問うものかが不明なこともあります。そういった場合には、鑑定人に答えを求める事項について、判断の基準となる具体的時期（「令和○年○月○日　○○時○○分の時点において」等）を十分に特定させるような質問に改められなければなりません。逆に、質問が過度に具体的・限定的で、当該事案の当事者の行動や判断の適否を判断する材料として十分でないというケースには、質問を抽象化して意見陳述の対象となる範囲を広げ、ミスリードを防ぐ必要があります。

鑑定事項（規則129Ⅳ、132の2Ⅴ）の設定が不十分なために不利な鑑定意見が出されてしまった場合、その後の鑑定人質問でそのリカバリーを図るために本来は必要なかった労力と集中力を費やすことになってしまいます。

当事者としては、尋問前の尋問事項の準備と同様に、「してはならない」質問（規則132の4Ⅲ）に配慮しつつ、少しでも自分の側に有利となる陳述を引き出せるよう、入念に質問事項を組み立てていく必要があります。

❷ 鑑定人には特に敬意を払う

既に見たように、鑑定人は中立的な立場から裁判官を補助する役割があります（→本章1）。鑑定人に対しては、十分な敬意を払いましょう。

さて、法廷や証人等に敬意を払って対応するべき、というのは第1章で触れました（→1章6-10）。

同じく敬意を払うべき対象であるところ、中立的な性格の有無によって、相手方の当事者や証人に対するのと、鑑定人に対するのとで、その

敬意の程度や示し方に差があるか、また差があるべきかというのは難しい（そしてあまり議論の実益のない）問題です。

　ただ、鑑定が採用される事案を経験すると気付くことですが、当事者・証人と自らが指定した鑑定人とで、裁判所の接し方には明らかな違いがあります。鑑定人の多くは、自ら望んで引き受けたわけではなく、裁判所から指定されたために、専門家としての使命感・責任感から鑑定を引き受け、鑑定人質問に出頭したという状況にあります。裁判所としても、忙しい鑑定人に鑑定をお願いした以上、鑑定手続をめぐって鑑定人に失礼があってはいけないという意識があり、鑑定人質問に関する鑑定人からの反発にはナーバスになっています。また、当事者としても、鑑定人にいたずらに反感を抱かせることは得策ではありません。

　こういった事情もあって、極めて実際的な問題として、当事者の立場では、**相手方当事者や証人に対する以上に、鑑定人に対する敬意の示し方には注意を払うべき**だと考えます。

　先に述べられた鑑定意見が自分の側に有利なものであれば、特に問題はないでしょう。ところが、鑑定意見があなたにとって有利なものと言えない場合、鑑定人質問でもつい詰問的な口調になりがちです。そのように振る舞うことで鑑定人に無用の反抗心を持たれてしまい、より態度を硬化させてしまうおそれがあります。

　反対尋問では、あえて怒らせるような質問をして、相手に不利な供述を引き出させるという手法が、テクニックとして用いられる場合があります（→4章4-5。ただし私自身はその効果に懐疑的です）。

　ところが、鑑定人質問では、鑑定人も自身の意見が双方当事者のいずれの主張に沿うかを予め理解して身構えて法廷に臨んでいること、通常当事者よりも高度な知識を有しており、しかも鑑定人自身その意識を強く持っていることから、このような手法が奏功しないケースが多いように感じられます。端的に言うと、**鑑定人は攻めの質問に対して、通常崩れにくい**のです。

　そうなると、質問でとるべき態度を間違え、鑑定人の態度を硬化させ

第7章　鑑定人質問　243

てしまうことによって、鑑定意見の弾劾に使えそうな答えが引き出せなくなるだけでなく、不利な事実はより強く固められてしまうという、非常に苦しい事態に陥ってしまいます。

　不利な鑑定意見が出た場合の鑑定人質問では、鑑定人も人間であるということ、そして、**特別の学識経験を有しているけれども、（あなた同様）必ずしも人間ができているとは限らない**ということを、是非思い出してみてください。鑑定人質問を反対尋問と同じ調子で行ってはいけません。

　事実関係や主張・証拠構造、（既に出ているときは）鑑定意見の内容を十分に理解した上で臨むのは当然として、その上で**詰問的・尋問的な口調や態度は控え、できる限り、訊くべき事項を淡々と訊く**というスタンスが必要です。

❸ 不明な点を質問することを躊躇しない

　もう一つ、鑑定人質問で重要な点は、**不明な事項に関する質問を躊躇しない**ということです。

　自身に不利な鑑定意見が出ると、まるで頭を激しく殴られたような衝撃を感じるものですが、そこで思考停止してしまうのは危険です。

　先に、鑑定人はその中立性が強く求められると述べました（→本章1-2）。これは民訴法上の鑑定制度の設計がそうなっているという話であり、この**中立性が実際の案件で常に保たれていることを意味しません**。

　例えば、医療事件の鑑定人に指定されるのは、当該医療行為の分野に詳しい知見を有する大学の医学部の教授であったり、医師であったりするわけですが、ときとしてどう見ても中立性を欠く鑑定意見が出てくることがあります。

　結論的に医療者側の処置は問題ないと、半ば手放しで擁護する意見だけれども、つぶさに見てみると、医学の実務書に書かれている普遍的な知見に明らかに反する処置に言及していなかったり、「問題ない」とする結論を導く合理的・具体的な根拠の指摘が欠落していたりといったケースです。

　その分野・業界に身を置いている以上、鑑定人の候補者に名前が挙が

る者には、それぞれ様々なつながりやしがらみ、ポジションがあります。

　それらを**鑑定人候補者選定の際のフィルタリングだけで、完全に発見・除外することは難しい**のですが、このようなケースを見聞きするについて、鑑定人質問の重要性を再確認せずにはいられません。

　そういった中立性を欠いた鑑定意見には、たいていの場合どこかに歪みが生じ、そこが不当な鑑定意見の弾劾の突破口になります。ところが、そのような非中立的な鑑定意見では、不利な事実はあえて触れられていないことが多く、当初の鑑定意見を眺めるだけでは、攻撃材料が見えてこないことがあります。

　鑑定意見の歪みを明瞭にするという意味でも、やはり補充鑑定（民訴215Ⅱ）や鑑定人質問（民訴215の2）が十分に活用されなければなりません。自分に不利な鑑定意見が示された場合には、全ての結論について、**根拠・理由の指摘が伴っているか**、その根拠・理由の前提となる**証拠・事実の評価にいびつな点や論理の飛躍がないか**を丹念に調べ、不明瞭・不合理な点については、**鑑定人質問で適切に問い質す必要があります。**

　自分の側に不利な鑑定意見が出てくると、それだけで打ちのめされたような気持ちになってしまい、専門家である鑑定人に対する質問も及び腰になりがちです。しかし、**不利な鑑定意見を排斥し勝訴判決を得るためには、鑑定意見の正しい精査・評価と補充鑑定、鑑定人質問の適切な実施が不可欠**です。

複数の鑑定人が選任され、しかもそれぞれの鑑定意見が割れている場合には、鑑定人質問も証人尋問的な攻防の様相が強くなってくる。

「尋問＝会話」
という誤解

　尋問は質問者と証人・当事者との会話ではありません。これは質問者、回答者双方が意識しておくべき重要な視点です。

　会話とはどういうものでしょうか。2人以上の人物が互いに発話と応答を繰り返してそこに現れた内容を広げていくという形が思い浮かびます。

　これに対して尋問はどのようなものでしょうか。既に見てきたように、個別的かつ具体的な質問と回答のやりとりが求められる（規則115Ⅰ）、質問者と回答者が固定されておりそこで取り上げられるトピックも予め限定されている（114Ⅰ）、「してはならない」質問が設定されている（同115Ⅱ）など、あらゆる点で、尋問でのやりとりは通常の会話とは異質なものとなっています。

　両者がもっとも大きく異なるのは、尋問では立証すべき事項（規則114Ⅰ①）が根底にあり、主尋問も反対尋問も「答えさせたい（答えさせるべき）答え」を念頭において質問が発せられるという点でしょう。

　なぜここでわざわざ尋問と会話の違いを取り上げるかというと、主尋問にせよ反対尋問にせよ、**よくない尋問は会話の形をとりがちだから**です。

　質問が冗長になる、質問が曖昧・オープンであるゆえの不十分さを回答者に補わせようとする、内容を想定せず相手に疑問を投げかけて答えを求め話を進めようとする、尋問の失敗を回答者の表現の不味さのせいにする、いずれも**会話的な悪しき尋問**と言って差し支えありません。

　そもそも尋問は、普通の生活を送っている人であれば誰でも多少の居心地悪さや違和感を伴う堅苦しい手続です（「横から質問するけど、裁判官の方を向いて訊かれたことだけ答える」というのは、普通の感覚では考えられません）。

　尋問に不慣れな証人や当事者をリラックスさせ、話しやすくさせようと「会話」的な雰囲気や流れを作ろうとする代理人がいますが、アプローチが逆だろうと思います。よい尋問に近づけるためには、まず**尋問という堅苦しく不自由な枠組みを理解し、それに質問者も回答者も合わせることが必要**です。

　もう一度言います。**尋問は質問者と証人・当事者との会話ではありません**。

第 8 章

尋 問 後

CHAPTER.8

01 最終準備書面、書く？書かない？

01. 最終準備書面についての考え方

　尋問のあとに最終準備書面を書くかどうか、結論から言うと、これは**事案や争点の内容、尋問の結果、以後の裁判体の動き方**によります。

　そして、これは重要なことですが、最終準備書面を書くか書かないかということは、尋問後ではなく、**尋問を申請する段階から意識しておく**必要があります。というのも、尋問後にその結果を主張という形で整理して提示するプロセスが入るか入らないかで、**尋問での質問の組み立て方や訊く内容が変わってくる**からです。

　一般的に言うと、最終準備書面というプロセスを挟むことで**尋問結果と自分の側の主張のつながりや相手方の主張の破綻をわかりやすく提示する**ことができます。また、最終準備書面というものは本来そうあるべきです。

　とはいえ、事案の内容に照らして、最終準備書面を出すメリットがあ

まりない場合もあれば、その過程を挟むことが好ましくないというケースもあります。

02. 最終準備書面を書いた方がよいケース

❶ 尋問で引き出した断片的な要素をつなぎ合わせて評価で補う必要があるとき

最終準備書面を書いた方がよいケースで一番に挙げられるのは、**断片的な供述を拾い上げる形で尋問が行われ、それらの要素を引き出しただけでは裁判所の理解が十分でないと考えられる場合**です。

反対尋問で相手方の証人や当事者本人からその主張に矛盾する供述を引き出せたものの、それぞれを眺めるだけでは断片的でわかりにくいという場合があります。

例えば、ある金銭消費貸借契約書への署名・押印が、借主として記載されている被告本人により行われたものか否かが争点となっているというケースで、被告の主張（資金需要がなかったこと、印鑑登録証明書を取りに行く時間などなかったことなど）に反する事実をいくつか尋問で引き出せたというケースを考えてみてください（つまり、どうやらそういった被告の主張は虚偽であると思われるという事案です）。

こういったケースの反対尋問では、被告側証人や被告本人に質問する際、その意図（＝被告主張に矛盾する事実の拾い出し）を気取られないように、淡々と質問する方法が適しています（→4章5-4）。例えば、時期的に符合する債務の返済遅延などがあったことなど、被告に資金の不足をうかがわせるような具体的事実が引き出されたとでも考えてください。

このように反対尋問で、相手方の主張に矛盾する事実や供述内容の信用性に重大な疑義を抱かせる事実を引き出せたときでも、普通、尋問手続内でそのことを尋問者が指摘すべき場面というのは多くはありません。

そもそも、証人等との間で議論にわたるようなやりとりをすることは

第8章 尋問後　249

尋問の趣旨から外れますし、そのような質問は、意見の陳述を求めるもの（規則115Ⅱ⑤）として、「してはならない」質問に当たると考えられます（→1章4-5）。何より、その「矛盾」を指摘することで、せっかく引き出した矛盾供述の訂正や再主尋問でのリカバリーを招いてしまうというおそれがあるからです。これでは控えめに言ってもお粗末です。

　よほど言い逃れのできない（供述の撤回もしがたい）ような決定的な矛盾・不整合が表出した場合でもない限り、**わざわざ供述の矛盾を指摘して相手の狼狽を法廷に顕出させるのは得策ではありません。**

　結局のところ、反対尋問中は攻撃材料として使える事実を拾い出すだけに止める方がよいことが多い、ということになります。

　そういった訊き方をした場合でも、**記録を熟読し、適切な争点整理によって事実と証拠の構造を十分に理解している裁判官**にとっては、質問の意図やそれに対する回答の持つ意味を正しく汲み取ることはそう難しいことではないはずですが、悲しいことに**何ごとにも例外というものがあります。**

　また、当の裁判官自身は十分に理解していたとしても、尋問終了後に異動でやってきた新しい裁判官や、上級審に移ったときの裁判官など、実際に供述を目の当たりにしていない裁判官が同じようなレベルで尋問結果を評価してくれるとは限らないのです。

　このため、尋問調書の記載を引用した最終準備書面で、それら個々の供述をつなぎ合わせ、法規や経験則に基づく評価を加えて主張するというその一手間が、立証上強力な有効打となることがあるのです。

❷ 相手方の供述を弾劾する必要があるとき

　最終準備書面を書くべきパターンの2つ目は、**相手方の供述を弾劾する必要があるとき**です。

　弾劾の対象となる虚偽・矛盾供述は、主張整理段階から出ていた虚偽・矛盾主張の延長である場合もあれば、尋問で初めて出されたという場合もあるでしょう。いずれにせよ、そのような相手方証人等の供述の信用性を潰すことができる有効な弾劾証拠が手元にあることが前提です。

構造的には❶のパターンと似ており、尋問で引き出した結果と弾劾証拠を組み合わせ、主張という形でその供述の信用性を攻撃することになります。

　そのような弾劾証拠を「後出の証拠」として尋問中で示すか、それとも尋問の場では伏せておき最終準備書面とともに提出するかという点も、❶で触れた「矛盾」の指摘の仕方と似たところがあります。

　弾劾証拠の意義や使い方については既に触れました（→4章6）。

❸ 尋問で出た不利な供述をフォローする必要があるとき

　逆に、尋問中に、（自分の側、相手方の側を問わず）不利な供述が出てきた場合には、それをフォローするために、最終準備書面で反論主張をしておく意味が出てきます。

　ただし、こういった場合、逆に相手方としても、尋問で得られた情報をもとにあなたの主張や供述の信用性を攻撃してくることが予想されます。また、争点整理手続後は新たな主張も（弾劾証拠以外の）証拠も出せないため、尋問後の主張でリカバリーできる範囲というのはかなり限られています。

❹ 事案が複雑で判断や和解の前に整理の書面を出しておくことが有用と思われるとき

　4つ目のパターンとして、事案が複雑な場合に、それを整理する主張を最終準備書面で出すということがあります。

　特に、裁判所が尋問後に和解案を示す流れの場合には、その前に、今一度、**尋問の結果を踏まえて自分の側の主張を簡潔にわかりやすい形で述べておくことで、有利な（あるいは過度に不利でない）和解案の作成に寄与することがある**、というのが私の経験上感じるところです。

　裁判所が和解案を作るときは、当然、その時点での心証が出発点にはなるのですが、和解成立の可能性（判決を書かずに済む可能性）をできるだけ高いものとするために、**それぞれの当事者がどうあっても譲れない点についてはそれなりの配慮をしようとする**傾向があります。

　一旦出されると、修正が難しいのが裁判所の和解案ですから、そういっ

第8章　尋問後　**251**

た避けるべき地雷原を指摘しておく意味でも、尋問後、和解案提示前の最終準備書面が有用となることがあります。

❺ 上訴する・されることが見込まれるとき

尋問は終えたけれども、事案の性質上、和解の余地がなく、しかも判決が出ても自分と相手方のいずれかがほぼ間違いなく控訴することになるであろうという場合、最終準備書面を出しておく意味が出てきます。

その理由ですが、一つには、少しでも**自分の側に有利な内容の判決を出してもらう可能性を高める**ため、もう一つには、**上訴後の裁判体に向けて、尋問の結果とそれに対する評価、当事者のスタンスを明確にしておく**ためです。

❻ 相手方が書く場合

相手方が最終準備書面を書くというのであれば、あなたの側も最終準備書面を用意して対抗するというのも一つの考え方です。

相手方に合わせて出すというだけですから、それは「相手方だけに最後の主張を許しておくというのは居心地が悪い」という以上に何か積極的な意味があるわけではありません。しかし、依頼者との関係では、最後まで相手方の言うがままにせず、きちんと反論してくれているという印象を与えられる点で意味があります。

▌ 03. 最終準備書面を書かなくてよいケース

他方、最終準備書面を出さなくてもよいと思われるパターン、むしろ出さない方がよいパターンもあります。

❶ 事案が簡単で裁判所に十分に有利な心証を与えられたと考えられるとき

それまでの主張と立証によって、裁判所が争点と証拠を十分に理解しており、しかも尋問の結果も取り立てて指摘しておくまでの事情が出なかったという場合であれば、あえて長々とまとめの主張を展開する必要はありません。

裁判官から「双方、まとめの書面は必要ないですね？」といった言葉

252

が出るときは、暗に「今から何か書面を出されてもおそらく心証は変わりませんよ」と言ってくれているわけです。

また、前述したように、あなたが最終準備書面を書くと申し出た場合、よほどのことがない限り、相手方も「じゃ、こちらも」といって最終準備書面を用意してくることになるでしょう。あなたの側が有利な状況にあるならば、そういった相手方の反論主張はない方が好ましいということになります。

主張・立証が成功し、裁判官も十分な心証を得たであろうと考えられるときは、最終準備書面を書かずに終結してもらうことがよい選択となる場合があるということです。

❷ 裁判官の異動が近いとき

尋問を実施したときの裁判官（ないし合議体の構成員の誰か）の異動が近い場合には、事案にもよりますが、あれこれと時間をかけて最終準備書面を用意するよりも、尋問直後の印象が新鮮な状態のまま、早期に終結してもらい、判決を出してもらう方がよいと言えます。

尋問に立ち会った前任の裁判官よりも、尋問のあとから異動してきた後任の裁判官の方が、尋問結果の評価がより精緻で納得感がある、**ということは普通ありません。**

当たり前の話ですが、後任の裁判官は、前任の裁判官の心証までは引き継がないため、裁判官の交代で事案に対する裁判官の考え方がそれまでと大きく変わってしまうということは少なからずあります。

もし裁判官の抱いている心証が自分の側に有利と目され、しかもその裁判官が近いうちに異動することが確実視されるという場合には、最終準備書面の用意に時間をかけるよりも、速やかに審理を終結してもらい、尋問に立ち会った裁判官（裁判体）に速やかに判決を出してもらう方がよいというケースがあります。

逆に、自分の側に不利な心証が透けて見えるという場合にはこの限りではありません。

第8章 尋問後 253

04. 最終準備書面で気をつけておくべきこと

最終準備書面を書く際に、留意しておくべきことをいくつか挙げておきます。

❶ 新しいことは書かない

最終準備書面は、**尋問の結果を含むそれまでの主張・立証の総括として出すもの**ですから、そこで新しい主張を出したり、証拠を提出したりということは想定されていません。

当たり前の話ですが、争点整理はとうの昔に終わっていますから、主張、証拠を問わず尋問後に新たに出されるものは、時機後れの攻撃防御方法（民訴157Ⅰ）になります。

また、弾劾証拠であっても、同様に時機後れの却下の可能性は理論上残ります（→4章6-3）。

このようなみっともない後出しジャンケンのようなことはすべきではありませんし、相手方に許すべきでもありません。

ただし、尋問の結果を引用して行う主張の補強は、既に証拠調べ手続の中で出てきた事実を争点整理で現れている主張に結びつけるものであって、ここでいう「新しいこと」には当たりません。

❷ 長々と書かない

最終準備書面は、それまでの主張・立証の総括（一つにまとめること）が目的ですから、本来、**長々と書くべきものではありません**。

その内容は、尋問結果の引用と評価であったとしても、**可能な限り簡潔でポイントを絞ったものであるべき**です。もちろん事案ごとに事件の規模や主張、現れる事実の多寡は異なりますから、ここでいう「長い」「短い」というのは相対的な意味に過ぎません。10回期日を重ね鑑定人質問まで行った事案の最終準備書面が2頁で足りるということは普通ないでしょう。

しばしば「事案が複雑だったから、尋問の結果に指摘すべき点が多かったから、最終準備書面が長くなるのは仕方がない」という意見を耳にす

ることがあります。

果たしてそうでしょうか。私はそう思ったことがありません。

最終準備書面が長くなりすぎるというのは、たいてい、**争点整理段階でしておくべき主張を落としていた**か、尋問の組み立て方を間違っていたために、最後でフォローしないといけない事項が予想外に多くなったというパターンです。

それを措くとしても、ここは最終準備書面は何のために出すのか、という点をよくよく考えてみる必要があります。

新しい主張や証拠を用いて大々的に議論を展開するのではありません。材料は全て、既に手続中で現れているものばかりです。そこであなたが行うことは、それらを**その審級の最後の場面で「わかりやすく」判断権者に伝える一押し**です（今まで出した主張・証拠を同じ熱量で再現することではありませんし、ましてやそれを拡張することでもありません）。

より現実的な問題として、**長過ぎる書面は読んでもらえません。**

特に、終結のタイミングでは裁判官の心証はほぼ固まっていますし、新しい主張や証拠が出てくることは想定されておらず、それに対する相手方の反論も予定されていないため、争点整理終了前の準備書面よりもこの傾向はよりいっそう強くなります。そうなるといたずらに長い書面は敬遠されるばかりで、裁判官の心に響くどころではありません。

「どんなに長くても準備書面はきちんと読んでもらえて、その意をちゃんと汲み取ってもらえるはずだ」という独りよがりで根拠のない妄想は捨てるべきです。

最終準備書面は、**「長くなるのは仕方ない」のではなく、短くまとめるべきなのです。**

そのためには、指摘する事項を絞る、重要性が少し下がると思われる部分はあえて削るといった工夫や思い切りも必要です（それであなたのそれまでの主張が撤回されるわけではないのですから）。

第8章 尋問後　255

❸ 提出期限は守り、守らせる

　最終準備書面は、それぞれが主張の総括として出すものですから、新しい主張が出てくることも、それに対する反論がその審級の中で行われることも想定されていません。**本来そういったやりとりは争点整理段階で終わっているべきもの**です。

　そういう意味で、最終準備書面の内容は、その審級における限り、言いっぱなしの内容になるはずのもので、裁判所も双方に対し、同一の提出期限を設けるのが普通です。

　当事者の側としても、その趣旨を理解して、**期限を守るべき**でしょう。例えば、相手の出した最終準備書面を見てから、揚げ足をとるような反論を加えて遅らせて提出するということは、やはり好ましい方法ではありません（こうした反論が認定に影響するかというと疑問で、純粋にマナーの問題です）。

　ただ、少し難しいのは、**相手方も最終準備書面のマナーを守っていることが前提**だということです。

　相手方がルールに反して後出しの最終準備書面に新たな主張を紛れ込ませたり、新証拠をねじ込んできたりする場合には、やはりその不当を指摘し、場合によってはもう一期日を入れてでも反論の機会を与えるように主張しなければなりません。

　そういうこともあって、最終準備書面を出すときは、書面の表題は「最終準備書面」とするのではなく、「第○準備書面」「準備書面（○）」というように、それまで出している準備書面同様、通し番号を付す方が適しています。これは、上級審に移審したあとの引用の便宜・統一感のためでもあります。

❹ 尋問結果の引用は正確に

　当たり前の話ですが、尋問の結果を引用する際は、正確に引用すべきです。せっかく尋問で有利な供述を引き出せた場合でも、それを引用する際に曲解・改変しているととられてしまうようでは主張の信用性や説得力が削がれてしまいます。

なお、簡易裁判所の事件では、裁判官の許可に基づいて、尋問調書の作成（正確には、調書中の証人等の陳述の記載）が省略されるため（規則170Ⅰ）、当事者は尋問のやりとりを録音したデータをCD－Rに複製する形で謄写してもらうことになります。

　簡易裁判所で最終準備書面を出す際に、そのようなCD－Rに納められた音声データについて、費用や時間をかけて反訳文を作成するべきかは悩ましいところです（控訴が見込まれるケースでは、移審後の主張の便宜を考えて、検討してみるという程度でよいでしょう）。

最終準備書面という言葉には、「その審級の最後に出すにふさわしい内容の書面でなければならない」という含意がある。

CHAPTER.8
02 尋問の自己評価とさらなる研鑽

01. 尋問の道は平坦ならず

　尋問は、手を抜くのはいくらでもできますが、きちんと準備しようとすると楽ではありません。事実関係とそれを裏付ける証拠の構造、双方の主張と争点をきちんと正しく押さえた上で質問事項を組み立て、それに基づいて法廷という緊張感漲る場で一つ一つ事実を引き出していくという、**非常に神経を使う作業が求められます**。

　そのため、尋問が終わると、安心感や達成感を感じる一方で、尋問の成果やその評価に関して不安になるということも少なくありません。これはあなたの尋問の技量だけでなく、判断する裁判官自身の性格や能力にも左右されるという、ある種の不確実性があることによります（実に主観的ですが、当事者が尋問結果に関して感じる裁判官への不安は、たいてい「自分側の主張の正しい部分を裁判官がきちんと理解・評価してくれただろうか」という自分本位のものです）。

ともあれ、担当裁判官の思考パターンやものの見方、価値判断などはおよそ当事者の側でどうにかできるものではありません（せいぜい、「後任の裁判官が自由に心証形成できる手続の初期で異動して欲しい」と祈る程度です）。

02. 実践、実践、実践あるのみ

　尋問が終わると、疲労感とともに（その出来不出来にかかわらず）ある種の達成感を感じることでしょう。

　受任から交渉、訴訟提起、主張立証と長い道のりを歩いてきたその事件が、あとは判決（あるいはそれに近い和解協議）という一つの区切りを待つのみというところまでようやくたどり着いたわけです。試験でいうと、終了のチャイムが鳴り筆記用具を机に置いたところでしょうか。

　ついホッとして気が緩んでしまいそうになりますが、この尋問の体験が新鮮なうちに必ずしてもらいたいのが尋問終了後の振り返りです。尋問スキル向上の約半分はこれにかかっています。

　この際に着目すべき事項は主尋問側、反対尋問側でほぼ共通しており、尋問後に手控えや尋問調書を見ながら下記の点について分析が可能です。

① 予定時間に過不足はあったか、またそれが生じた原因は何か、それは所要時間の見通しと質問構成のどちらで改善すべき問題か

② 証人・当事者から引き出しにくかった質問は、どう改善すべきか

③ 形式面（→1章3）で注意された点は何か

④ 書面を用いた質問（→1章3）で改善すべきムリやムダがなかったか

⑤ 相手方の反対尋問で出た想定外の質問について、それが想定できていなかった理由は何か（全く不知の事項だったのか見落とし・焦点のズレによるものだったのか）

⑥ 質問に対する異議の出し方や出された際の対応は適切であったか、出すべきであるのに出さなかったところはないか

⑦ 回答者のあなたに対する態度はどうであったか（敵対的か友好的か

第8章　尋問後　259

中立的か)、またそれはどういった理由によるものか、その態度は求めた回答を得る上で効果的に影響していたか
⑧ 補充尋問、介入尋問はどのようなタイミングで、どのような事項について行われたか、またそれらはなぜ行われたと考えられるか(→6章1)、それらを主尋問や反対尋問でカバーすることは可能であったか
⑨ 質問が冗長・抽象的あるいは過度にオープンになっていなかったか
⑩ (特に主尋問について)質問の流れが時間的経過・論理的先後関係に沿ったわかりやすいものになっていたか
⑪ 質問の仕方がくだけすぎたり過度な敬語表現のために意味が紛らわしくなったりしていなかったか
⑫ 「はい」「いいえ」の答えが続くといったように誘導が過剰になっている部分はなかったか

あまりないケースではありますが、調書の記載が実際の経過と異なるものになっている場合には調書異議(民訴160Ⅱ)も検討しなければなりません。法律相談、起案、尋問は、民事訴訟に関わる代理人として避けることのできない関門ですが、中でも尋問は、その巧拙がはっきりと結果や評価に現れやすいという特徴があります。

その反面、本書で取り上げたように、改善のために取り組むべき課題は比較的明確で、意識と努力次第で短期間の内に相応のスキルアップが期待できる分野でもあります。

みなさんの尋問技術の向上、依頼者の方にとってのよりよい解決のために、本書が少しでも役に立つことができたとすれば望外の喜びです。

尋問が終わってホッとするだけの人と、手控えに残された攻防の痕跡や尋問調書の記載を見て自分の尋問の振り返りをきちんとする人がいる。

COLUMN
▼

回せ尋問のPDCA

　結局のところ、尋問で成果を出すための最良の方法は、我々が**当事者の側でできることを、できる限り正しいやり方で行うということに尽きる**のだと思います。事案の内容や回答者のキャラクターといった類型化しがたい要素が数多く存在する尋問手続にあって、おそらくこれが**唯一かつ明確な「正解」**です。

　そしてそれは、この本でこれまで述べてきた法令上定められたルールや当事者としてのマナー、指針を正しく身につけ、それらを事案の内容に合わせてアレンジしながらしっかりと尋問準備を行い、一件一件の尋問手続に真摯に向き合うということです。

　その上で、自分の行った尋問準備とその実行だけで満足して終わるのではなく、毎回、尋問のあとに適切なチェックと改善を行って次に活かすこと、そのプロセスを何度も繰り返すことで、初めて我々の尋問スキルは向上していくのです。

　とはいえ、**人は自分のことはなかなか客観視できない一方、他人の振る舞いやそのアラはよく見えるという傾向が必ずあり**、尋問も例外ではありません。

　相手方代理人の尋問を下手に感じるかどうか、また、そう感じさせる（そう感じさせない）原因は何か（元々尋問のスキル、準備の不十分さ、事案の内容等）、それらのうちに自分のスキル向上に反映させられる点がないか、という見方で自分の尋問スキルと対比させるのも、チェック・改善の方法としてはそれなりに意味があります。

　他人の事件の証拠調べ期日を傍聴してみるというのも、刺激を受けつつ自分のやり方を省みるよいきっかけになるでしょう。

　尋問に限らず、絶えず振り返りを行ってよりよい仕事をしようという姿勢が、民事の代理人としてのスキル向上につながるのだと思います。

第8章　尋問後　261

《 事項索引 》

い

異議 ……………………… 136, 192
意見を求める質問 ………………… 41

お

オープンな質問 ……………………… 30

か

介入尋問 ……………… 167, 223, 228
鑑定事項 …………………… 240, 241
鑑定証人 …………………………… 24
鑑定嘱託事項 ……………………… 234
鑑定人 ……………………………… 24
鑑定人質問 …………… 230, 235, 237
鑑定人の中立性 …………………… 231
鑑定の嘱託 ………………………… 233

く

クローズな質問 …………… 134, 135

け

敬語 ………………………………… 124

こ

誤導質問 …………………………… 43
個別的・具体的な質問 …………… 27
固有名詞 …………………… 125, 225
困惑させる質問 …………… 35, 137

さ

最終準備書面 ……………… 145, 248

裁判長の権限 …………………… 17

し

ジェスチャー ………………… 125, 225
時機に後れた攻撃防御方法 ……… 188
時系列一覧表 ……………… 105, 151
指示語 ……………………… 125, 225
質問に対する異議 ……… 17, 196, 199,
                              201, 207
してはならない質問 ……… 32, 35, 239
主尋問 ……………………………… 16
主尋問のテクニック ……………… 122
主尋問の目的 ……………………… 82
証言台 ………………… 56, 57, 158
証人 ………………………… 16, 23
証人等の一括申出 ………………… 94
尋問時間 …………………………… 88
尋問事項（立証事項） ……………… 23
尋問事項書 ………………………… 89
尋問テスト（リハーサル） ………… 110
尋問の自己評価 …………………… 258
尋問の失敗 ………………………… 20
尋問の順序 ………………………… 91
尋問の手控え ……… 95, 111, 151
尋問の目的 ………………………… 22
尋問のルール ……………………… 26

せ

宣誓 ………………………………… 60

そ

争点に関係ない質問 ……………… 40

双方申請 ························· 149, 196

た

ダメな主尋問 ··················· 128
ダメな反対尋問 ················· 170
弾劾証拠 ····················· 47, 184

ち

重複質問 ························ 39
直接経験しない事実の質問 ········ 42
陳述書 ····················· 64, 80, 210
陳述書の書き方 ················ 71, 73
陳述書の機能 ···················· 65

と

当事者 ························· 15, 23

は

反証 ···························· 16
反対尋問 ················· 16, 142, 190
反対尋問対策 ············· 76, 118, 140
反対尋問の準備 ············· 147, 154
反対尋問のテクニック ············· 163
反対尋問の目的 ···················· 142

ふ

侮辱する質問 ···················· 35, 137

文書等を利用した質問 ·········· 32, 45

ほ

傍聴人の退廷 ···················· 34
法廷でのマナー ···················· 49
補充尋問 ················· 150, 216, 228
本証 ···························· 16

み

未提出の文書等 ···················· 46

め

メモを取る ························ 55

ゆ

誘導質問 ················· 37, 129, 137

よ

「呼出」と「同行」 ···················· 91

り

立証すべき事項 ···················· 16, 82

事項索引　263

PART 1
はじまりはいつものように

PART 2
尋問技術のめばえ

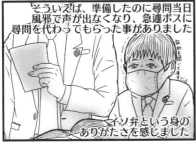

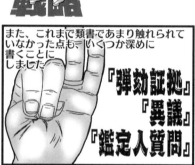

中村　真（なかむら・まこと）

略歴：2000年　神戸大学法学部卒業
　　　2003年　弁護士登録
　　　2006年　司法書士特別研修講師
　　　2014年　神戸大学法科大学院講師（ローヤリング）
　　　2015年　経済産業省中小企業庁・
　　　　　　　経営革新等支援機関認定
　　　　　　　神戸簡易裁判所民事調停官（～2019年9月）
　　　　　　　近畿弁護士会連合会税務委員会委員

ブログ：「WebLOG弁護士中村真」(http://nakamuramakoto.blog112.fc2.com/)

主要著書等：『要件事実入門』（マンガ）（創耕舎、2014年）、『交通事件処理マニュアル（新版）』（表紙の絵）（大阪弁護士会交通事故委員会、2015年）、『若手法律家のための法律相談入門』（学陽書房、2016年）、『破産管財PRACTICE』（編著、民事法研究会、2017年）、『相続道の歩き方』（清文社、2018年）

若手法律家のための
民事尋問戦略

2019年10月16日　初版発行
2024年 3月11日　4刷発行

著　者　　中　村　　真
発行者　　佐久間重嘉
発行所　　学　陽　書　房

〒102-0072　東京都千代田区飯田橋1-9-3
営業部　電話　03-3261-1111　FAX　03-5211-3300
編集部　電話　03-3261-1112
http://www.gakuyo.co.jp/

ブックデザイン／スタジオダンク
DTP制作・印刷／精文堂印刷　製本／東京美術紙工

★乱丁・落丁本は、送料小社負担でお取り替え致します。
ISBN 978-4-313-51170-5　C2032
©Makoto Nakamura 2019. Printed in Japan
定価はカバーに表示しています。

JCOPY〈出版者著作権管理機構　委託出版物〉
本書の無断複製は著作権法上での例外を除き禁じられています。複製される場合は、そのつど事前に、出版者著作権管理機構（電話 03-5244-5088、FAX 03-5244-5089、e-mail：info@jcopy.or.jp）の許諾を得てください。

◎好評既刊◎

上手い尋問と下手な尋問の違いとは？

経験豊富な弁護士が持っている30の暗黙知！ 「主尋問」「反対尋問」「陳述書」「専門家質問」「異議の出し方」などの様々な失敗事例を基に、失敗の原因と、効果的な尋問例を解説！

失敗事例でわかる！
民事尋問のゴールデンルール30

藤代浩則・野村 創・野中英匡・城石 惣・田附周平 ［著］

A5判並製／定価3,300円（10%税込）